# PAIS e EDUCADORES
# de ALTA PERFORMANCE

# IÇAMITIBA

# PAIS e EDUCADORES de ALTA PERFORMANCE

INTEGRARE
EDITORA

Publisher
Maurício Machado

Supervisora editorial
Luciana M. Tiba

Assistente editorial
Deborah Mattos

Produção editorial e acompanhamento
Miró Editorial

Preparação de texto
Márcia Lígia Guidin
Adir de Lima

Revisão
Pedro Baraldi
Michelle Neris da Silva
Célia Regina Rodrigues de Lima

Projeto Gráfico de capa e miolo
Alberto Mateus

Diagramação
Crayon Editorial

Foto de Capa
André Luiz Martins Tiba

Dados Internacionais de Catalogação na Publicação (CIP)
(Câmara Brasileira do Livro, SP, Brasil)

Tiba, Içami
    Pais e educadores de alta performance / Içami Tiba.
-- São Paulo : Integrare Editora, 2011.

    Bibliografia.
    ISBN 978-85-99362-67-9

    1. Afeto (Psicologia) 2. Amor 3. Educação de crianças
4. Educadores 5. Emoções 6. Família - Aspectos psicológicos
7. Mães e filhos 8. Maturidade emocional 9. Pais e filhos
10. Papel dos pais 11. Relações interpessoais I. Título.

11-05026                                              CDD-158

Índices para catálogo sistemático:

1. Educação de crianças : Pais e educadores :
Psicologia aplicada 158

Todos os direitos reservados à INTEGRARE EDITORA E LIVRARIA LTDA.
Rua Tabapuã, 1123, 7º andar, conj. 71/74
CEP 04533-014 - São Paulo - SP - Brasil
Tel. (55) (11) 3562-8590
Visite nosso site: www.integrareeditora.com.br

# DEDICATÓRIA

*Dedico este livro a todos os pais e educadores que confiaram os seus filhos e alunos aos meus cuidados nestes meus 42 anos de carreira profissional.*

*Dedico este livro aos leitores e estudiosos dos meus livros, anônimos que merecem especial consideração. De repente surgem alguns deles e me presenteiam com uma sensação tão agradável que me motiva a escrever mais.*

*Dedico este livro também a todos os leitores e estudiosos das minhas outras publicações (artigos e entrevistas em jornais, revistas e periódicos) em vários veículos, como as colunas do site GNT e UOL Educação e a Revista Viva (lSP).*

*Dedico este livro aos telespectadores do meu programa semanal Quem Ama, Educa!, na Rede Vida de Televisão, que me dão feedback pela internet desde 2005.*

Estamos todos colaborando para formar uma geração saudável e ética para um Brasil que vamos lhe deixar. São muito bons os resultados desses relacionamentos – que devolvo para a sociedade através deste novo livro, para que mais pais e professores possam também deles usufruir.

# MENSAGEM DO CENTRO BRASILEIRO DE LÍNGUA JAPONESA

有難う!! ARIGATÔ! É com esta palavra japonesa – que eu adoro, e que é do conhecimento da maioria do povo brasileiro – que agradeço, através desta mensagem, a doação de parte da venda desta obra, *Pais e Educadores de Alta Performance*, ao Centro Brasileiro de Língua Japonesa (CBLJ).

Os japoneses e nós, seus descendentes, gostamos muito da palavra "Arigatô" por causa do significado contido nos ideogramas 有 (ari = existir, haver, ter) e 難 (gatai = difícil, árduo). A palavra "Arigatô" quer dizer "algo sublime e divino, difícil de existir".

Quando um japonês reclina levemente a cabeça e pronuncia a palavra "Arigatô", no fundo ele agradece o ato sublime e divino praticado pelo outro. Por isso, não poderia dar melhor início para esta mensagem, senão por meio dela.

Os primeiros imigrantes japoneses chegaram ao Brasil há mais de 100 anos. Uma das principais preocupações do povo japonês era com a educação de seus filhos. Matriculá-los em escolas brasileiras foi um dos atos de prioridade máxima. Em seguida, surgiram as escolas de japonês (*nihongakkôs*), com o objetivo de manter a tradição do idioma e da cultura japonesa. Hoje, temos aproximadamente 1.300 professores de língua japonesa, 600 escolas e cerca de 22.000 estudantes. Como se vê, o japonês sempre valorizou os estudos e a perpetuação de sua cultura.

O CBLJ é uma entidade civil, sem fins lucrativos, que tem como principal função divulgar o idioma japonês em todo o Brasil. Foi fundada, oficialmente, em 20 de fevereiro de 1988 pelas seguintes entidades: a) Sociedade Brasileira de Cultura Japonesa (Bunkyo); b) Aliança Cultural Brasil-Japão; c) Federação das escolas de Língua Japonesa do Brasil.

É por isso que a nova obra de Içami Tiba, *Pais e Educadores de Alta Performance*, cabe como uma luva aos desejos do Centro Brasileiro de Língua Japonesa: nossos principais objetivos são formar e treinar professores de Língua Japonesa, promover atividades que visam melhorar seu desempenho em sala de aula, estimular pesquisas, criação e revisões de livros e apostilas voltados aos estudantes brasileiros – além de cooperar no intercâmbio entre estudantes, professores e escolas de línguas em âmbito nacional e internacional.

*Quem ama educa sempre,* e um professor deve amar seus discípulos. E sempre aprendemos, mesmo sendo professores. Por isso, como a escola é importante e deve dar sempre *Passos Além*, nós organizamos Encontros de Professores, Simpósios, Estágios, Concursos de desenho, caligrafia, e redação.

E, como diz Içami Tiba, a formação ética e moral dos professores é fundamental e, como ele, acreditamos que um bom professor – contextualizado e capaz de lidar com crianças e adolescentes acostumados a um bombardeio de atualizações tecnológicas e estímulos dos diversos meios de comunicação – é um dos grandes responsáveis, junto com os pais, pela *Alta Performance* de seus discípulos.

O profícuo intercâmbio nipo-brasileiro, que entra no segundo século, ocorre ativamente em diversos setores estudantis e profissionais. E, para fomentar esse intercâmbio, é necessário mais que um estudante aplicado; é necessária a *formação de líderes* – como nos ensina o educador Içami Tiba. A esse jovem temos de oferecer o "amor que ensina", não somente o amor pedagógico gratuito, que Tiba chama de "amor dadivoso". Junto com as famílias, o CBLJ luta pelo amor que ensina – para que seus jovens líderes deem continuidade ao trabalho dos primeiros imigrantes. O povo japonês, como se sabe, exige *Alta Performance* em tudo. É um povo acostumado a dar o melhor de si e empenhar-se em prol do bem comum. Para isso, todos estudam muito e são muito disciplinados. E de quem, dentre tantos, podemos lembrar? Ninguém menos que o próprio Içami Tiba, neto de imigrantes que, aos 6 anos, disse à mãe "Quero ser médico.", ao que ela respondeu: "Então, você tem que estudar muito!". É isso que o autor desta obra fez (e faz), bem como nós, os professores e nossos alunos. Mesmo que o caminho seja árduo e cheio de obstáculos.

Para finalizar, gostaria de agradecer novamente pelo espaço concedido ao CBLJ, e afirmar que a renda advinda desta preciosa publicação vai se reverter integralmente para formação de professores e jovens altamente qualificados.

Içami Tiba, 有難う!!! (Arigatô)

**MARGARETH SO SHIMURA**

Vice-Presidente Educacional do

CENTRO BRASILEIRO DE LÍNGUA JAPONESA (CBLJ)

www.cblj.com.br

# AGRADECIMENTOS

AGRADEÇO ao meu falecido avô, Rinnosuke Chiba, que emigrou do Japão para o Brasil em 1936 somente após ter quitado – com pesado trabalho na lavoura – a dívida deixada por seu próprio pai e continuou lúcido, com autoridade sobre os filhos, noras e netos até seu falecimento. Agradeço, porque ele me fez sentir único entre tantos netos e ensinou-me que, mesmo em tempos mais difíceis, lá estavam as carpas para nos distrair.

AGRADEÇO à minha falecida mãe, Kikue – minha maior torcida silenciosa – e sua crença no meu desejo quando, aos 6 anos de idade, antes de ir à Escola em Tapiraí, eu disse a ela que queria ser médico. Agradeço-a porque me aconselhou: "Então, você tem que estudar muito!". Foi o que eu fiz e faço até hoje.

AGRADEÇO ao meu falecido pai, Yuki, que ainda criança me pedia para falar em "brasileiro" com ele, mesmo que ele falasse em japonês comigo, só para aprender o idioma aqui falado. Agradeço pelo seu exemplo de trabalho, responsabilidade familiar e social, que nortearam a minha vida; agradeço-lhe, porque se tornou monge budista já na meia-idade.

AGRADEÇO a meus filhos, André Luiz, Natércia e Luciana, agora acrescidos do meu genro Maurício e netos Eduardo e Ricardo, todos muito amados. São uma torcida barulhenta, que me elevou à condição de pai, sogro e avô, me retroalimentam e me permitem continuar acreditando que tudo o que faço para ajudá-los a construírem suas próprias vidas vale a pena, pois cada um deles – cada qual à sua maneira – é bem-sucedido no que faz.

AGRADEÇO a meus professores que conseguiram ser inesquecíveis. Eles me fizeram sentir que os ensinamentos eram dirigidos especialmente a mim, me transmitiram o poder do conhecimento, do comprometimento, da confiabilidade, da civilidade, dos bons resultados, do bom humor, do aprender sempre e do ensinar sempre que possível, não importa onde, como ou quando.

AGRADEÇO à minha amada esposa, Maria Natércia, minha companheira e parceira que permanece comigo depois que todos se foram para as suas próprias vidas; que me vislumbrou além dos meus sonhos, desejos, projetos e realizações; que neles acreditou e juntos construímos o que ambos somos. Mais que cara-metade, ela é minha cara-inteira, pois sua alma está plenamente presente na minha vida, em tudo o que fiz e faço; sei que posso contar com ela para continuar fazendo muito mais.

~

# SUMÁRIO

# 5
## ALTA PERFORMANCE: O PASSO ALÉM 131

# 6
## DROGAS 153

# 7

## ALCOOLISMO 171

# PREFÁCIO

*Muitos dos nossos guerreiros foram formados nas vossas escolas e aprenderam toda a vossa ciência. Mas, quando eles voltavam para nós, eles eram maus corredores, ignorantes da vida da floresta e incapazes de suportar o frio e a fome. Não sabiam como caçar o veado, matar o inimigo e construir uma cabana, e falavam nossa língua muito mal. Eles eram, portanto, totalmente inúteis. Não serviam como guerreiros, como caçadores ou como conselheiros.*

*Ficamos extremamente agradecidos pela vossa oferta e, embora não possamos aceitá-la, para mostrar nossa gratidão oferecemos aos nobres senhores que nos enviem alguns de seus jovens, que lhes ensinaremos tudo o que sabemos e faremos, deles, homens".*

O TEXTO ACIMA É PARTE de uma carta atribuída a um chefe índio em resposta à oferta dos colonizadores americanos para que os jovens da tribo fossem educados em suas escolas. Com amplo significado em Pedagogia e Psicopedagogia, seu enunciado nos remete a duas reflexões: a de que o objeto do aprendizado tem que estar relacionado ao contexto da vida do estudante, e a de que educar significa aumentar a performance para viver.

Quando o médico, educador e escritor Içami Tiba nos presenteia com mais este livro, através do qual manda um recado objetivo para os pais e educadores de nosso país, na prática está relacionando alguns fatores entre si: educação com performance, teoria com prática, conteúdo com significado e vida com felicidade. Tiba tem legitimidade para tanto. Após mais de quarenta anos dedicados à clínica de adolescentes e famílias, ele colecionou fatos e percepções que lhe forneceram material para trinta livros (até agora...), incluindo alguns best-sellers, como seu irretocável *Quem Ama, Educa*.

"Todo ser humano é um educador em potencial, pois já nasce um aprendiz. Se ninguém lhe ensina nada, aprende com as próprias experiências", diz Içami Tiba, alertando para o fato de que todos nós – mas principalmente as crianças – aprendemos com o ambiente em que estamos inseridos através da interação com as atitudes das pessoas e com os valores reinantes. Aprender é próprio da espécie humana, e cabe aos educadores direcionarem esse fantástico potencial para que não se desperdice na construção de maus hábitos e condutas que não agregam valor.

Há muitos séculos, Sócrates – provavelmente o primeiro grande educador – nos alertou para esse fato, criando a expressão *maiêutica*, que, em grego, significa *a arte de dar à luz*. Segundo o filósofo, a função do mestre seria a de ajudar o conhecimento a nascer, o aluno a construir seu próprio saber. Para tanto, quem assume a função de educar – a mais nobre entre as tarefas humanas – assume, ao mesmo tempo, a imensa responsabilidade de influenciar mentes, almas e futuros.

Se a educação do jovem não for direcionada, acondicionada por saberes úteis e valores elevados, ele aprenderá de qualquer maneira, só que, neste caso, sem garantia de que estará sendo formado um cidadão digno, com sua performance orientada à produção do bem.

Por isso Tiba insiste que todos somos educadores – ou educacionistas, para usar uma expressão do senador Cristovam Buarque – e que não podemos deixar de investir em nossa qualificação para tal. Sua orientação terapêutica, como psiquiatra, é a de ajudar pessoas a se inserirem no processo permanente do desenvolvimento humano. Ninguém passa pela vida sem aprender e sem ensinar. Trata-se de um destino genético próprio de nossa espécie. Estamos condicionados a aprender e a ensinar, entretanto, essa missão precisa ser aprimorada constantemente, pois o conhecimento cresce exponencialmente, e os valores humanos devem ser polidos diariamente, para evitar que a poeira da luta pela sobrevivência social retire seu lustro.

O precioso deste livro é ser um cadinho intelectual, em que teorias e experiências, conceitos clássicos e conselhos práticos, se encontram e se fundem em uma mensagem final de grande profundidade e imensa utilidade. Apresentado de forma simples, sem sofisticação desnecessária – ao contrário, com uma linguagem clara e correta – *Pais e Educadores de Alta Performance* atinge o objetivo a que se propõe: tirar os temas da educação do ambiente acadêmico, hermético, e colocá-lo ao alcance de todos, especialmente daqueles que mais precisam aprimorar-se enquanto educadores: os pais.

Afinal, como disse o chefe índio, o que precisamos é transformar jovens em homens e mulheres capazes de, com o poder de seus saberes e com a força de seu caráter, construir a sociedade que tanto almejamos para nosso país, porém rica, solidária e justa.

Ser de *Alta Performance*, na visão criativa do autor, é dar mais *Passos Além* do que ficar *Marcando Passo*. Pois foi o que ele fez com este livro, deu mais um *Passo Além*, para que seus leitores

– e aqueles que serão influenciados por eles – possam dar o seu próprio passo, seguro e otimista. Aliás, otimista porque seguro, e seguro porque educado. Boa leitura!

**EUGENIO MUSSAK**
Educador e escritor

# INTRODUÇÃO DO AUTOR

NÃO HÁ PAIS QUE NÃO queiram educar seus filhos, professores que não queiram ensinar seus alunos, bem como países cujos governantes não digam quanto querem melhorar a educação em vésperas de eleições – principalmente no Brasil.

A maioria dos pais tem dificuldades em educar os seus filhos, pois suas experiências familiares e pessoais não são suficientes para formar valores nos seus filhos. Muitos filhos têm "crescimento silvestre" e não educação "orquestrada" para construírem sua cidadania.

Os filhos mantêm-se silvestres, mesmo tendo sido amados, criados, providos e satisfeitos em suas vontades – isso por não terem educação para estudar, para saberem conquistar independência financeira e terem autonomia comportamental e responsabilidade social. A educação hoje é um projeto de vida com metas a atingir, estratégias de ação e competências específicas.

A maioria dos professores e educadores tem dificuldades de lidar com os seus alunos porque, para formar os alunos, não basta esforços e iniciativas de boa vontade se não houver competências e estratégias de ação, principalmente para alunos que não têm motivação para aprender. Dizem esses jovens folgados que "a escola é boa, o que atrapalha são as aulas".

A maioria dos governantes sabe da importância da educação para o progresso do país. É tão importante que prometem "melhorar a educação" às vésperas das eleições, pois isso lhes rende votos. Acredito até que estejam bem-intencionados nas suas campanhas para a eleição, mas, uma vez eleitos, não colocam na educação a necessária prioridade. Dos municípios brasileiros onde proferi palestras, os que apresentavam melhores resultados em educação eram governados por educadores que tinham também experientes educadores na Secretaria da Educação. Ou seja, falta aos pais e professores um preparo para orquestrar uma educação que realmente forme valores e competências nos seus filhos e alunos.

Neste livro, organizei todo o meu aprendizado nos estudos, aliado à minha prática como consultor de família, psicoterapeuta de adolescentes e trabalhos com escolas para oferecer aos leitores as melhores ações educativas. Estas são bastante viáveis, de fácil aplicação e de excelentes resultados práticos. Essas ações têm suficientes sustentações teóricas, a maioria delas criada por mim.

As sugestões práticas aqui oferecidas são bastante atraentes, mas correm o risco de fracassarem caso não sejam entendidas as razões por meio das quais elas se pautam e quais os significados absorvidos pelos educandos.

Do meu ponto de vista, o hominídeo diferenciou-se do macaco quando deu seu primeiro *passo além* dos seus instintos de sobrevivência e perpetuação da espécie – e, com sucessivos passos, desenvolveu a humanidade e criou a civilização de hoje.

Apresento parte do **Princípio do Passo Além**, no Capítulo 5, e também parte do **Princípio do Marcar Passo**. Quem conquistou a liderança deu um *Passo Além* aos seus liderados. Mas, se quiser apenas manter essa posição, e não der mais *Passos Além*, ficará a *Marcar Passo* e será devorado pela obsolescência. Leia no Capítulo 4: Líderes e Chefes na Educação.

Pais e Educadores que não derem um *Passo Além* do que habituaram a fazer com os seus filhos e alunos, estão a *Marcar Passo*. Seus educandos não se desenvolvem, pois não é errando que se aprende, mas sim corrigindo o erro. Pior que o não aprender é o aprender errado, isto é, fazer errado e achar que está certo e continuar errando. Porém, aprender onde errou e corrigir esse erro pode ter ajudado a acertar. Temos, no Brasil, 40 milhões de analfabetos funcionais. Destes, somente 14 milhões não frequentaram a escola. Significa que 26 milhões de pessoas foram à escola e **Marcaram Passo**, isto é, cresceram fisicamente, o tempo passou, mas não se desenvolveram – porque não aprenderam a aprender. Eles *Marcaram Passos*, não importa quais sejam as causas. Daí ser a Aprendizagem, aqui comentada no Capítulo 1, o maior e melhor **Passo Além** que um ser humano pode dar. Os analfabetos funcionais têm menos oportunidades de dar esse passo pela falta de competência e visão de mundo.

O analfabetismo funcional persiste entre os jovens brasileiros. Mesmo os que sabem ler e escrever têm dificuldade para compreender textos curtos e localizar informações, inclusive as que estão explícitas. Quanto à Matemática, lidam com os números que são familiares, como os de telefones e os preços, ou realizam cálculos simples. A compreensão do que observam ou produzem é limitada e emperra seu desenvolvimento pessoal e profissional. O primeiro *Passo Além* a dar é sobre a própria ignorância e conquistar o mundo que já deveria ter sido seu na escola.

Todos os pais amam seus filhos e a maioria dos professores gosta dos seus alunos, mas amar já não é suficiente para educar. Amar e gostar são importantes para motivarem a aprendizagem, mas o que oferece competência educativa é a aprendizagem de como educar.

É importante que os pais e os educadores saibam que a educação em nome do amor passa por quatro fases: *amor dadivoso, amor que ensina, amor que exige e amor que aplica as consequências* – como apresento no Capítulo 1. É preciso muito amor para se exigir que os filhos pratiquem o que aprenderam, pois é muito mais prazeroso e menos trabalhoso permitir que os filhos façam o que tiverem vontade de fazer sem cumprir com suas obrigações.

Ensinar um aluno motivado não é difícil. A colossal dificuldade dos alunos ou filhos desmotivados em aprender precisa de estímulos diferenciados, pois motivação – assim como a felicidade – não se vende, não se empresta, nem se dá a ninguém: cada um tem que construir a sua. O que podemos, então, é estimulá-los a aprender, como analiso no Capítulo 3.

Os estímulos se esgotam e a motivação permanece, como na sobrevivência, qualidade de vida, realização de sonhos e projetos, ambição, desejos, amor, civilidade. Na educação, a grande motivação é sentir prazer pelo conhecimento. Por isso, digo no Capítulo 3 que o **prazer pelo conhecimento** *é motivador*.

Os jovens que "não querem nada com nada" não descobriram ainda a importância da aprendizagem. *Quem aprende a aprender nunca mais deixa de aprender.* Nossa mente pode se acomodar muito bem com o que já sabe e não sentir falta do que não conhece.

A mente do ser humano não sente falta do que não conhece, nem percebe que sofre as consequências. Quando uma pessoa acha que faz o melhor que pode, na realidade esse melhor é sobre o que conhece, porque não há como incluir o que não conhece nessa avaliação. Assim, quem nunca conheceu a luz elétrica fica satisfeito em conseguir iluminar sua casa com um lampião, que pode ser mais rico, mais luxuoso e mais cômodo que outro, mas não passa de lampião. Claro que o melhor lampião não se compara com a luz elétrica. Assim, também, o melhor "crescimento silvestre" não se compara com uma educação organizada, pensada: "orquestrada".

É atribuída a Oliver Wendell Holmes (1809-1894) esta frase: "*A mente humana uma vez ampliada por uma nova ideia, nunca mais volta a seu tamanho original.*" [1] Eu ousaria complementar que é mais o usufruto de uma nova ideia do que uma simples ideia, pois muitas delas não saíram da mente e não passaram de fantasias e imaginações, muito próprias dos jovens. A ideia precisa ter uma realização palpável. O jovem tem a ilusão de poder vencer na vida sem estudar. A vida vai lhe comprovar que isso não é tão possível quanto se imagina. Pena que ele descubra essa verdade somente depois que deixar a escola.

Para orquestrar uma educação, é preciso que os pais e os professores desenvolvam algumas competências próprias, como *Efeito Borboleta, Cidadania Familiar, Meritocracia, Alta Performance, evitar o uso de drogas* etc.

Qualquer funcionário pode se tornar obsoleto e ser despedido do seu emprego. Essa obsolescência lhe tira a competência necessária para trabalhar no mundo de hoje. Ou ele vai para um subemprego, ou se atualiza e busca uma recolocação no mercado. Dessa mesma maneira, também os educadores podem estar obsoletos e seus métodos já não estarem condizentes com as necessidades dos alunos de hoje. Ou eles se atualizam, ou caem na ineficiência.

Como os pais são para sempre, não há como não se atualizarem – sob o grave risco de os filhos perderem seu futuro.

Pais que aplicam a *Cidadania Familiar*, e a escola, a *Cidadania Escolar,* preparam melhor o jovem para ser *Cidadão Ético*, com valores internos e conhecedor dos seus direitos e obrigações. E a *Cidadania Familiar* começa desde muito cedo, quando a criança já

---

1 Disponível em: http://www.quotationspage.com/quote/4249.html. Visitado em abr. 2011.

toma iniciativas próprias. É a ocasião mais oportuna para aprender que, antes do poder fazer, avalie se deve ou não fazer. No Capítulo 1 proponho aos pais e educadores quando e como começar a aplicar a *Cidadania Familiar*.

A permissividade inocente de hoje pode levar à má educação no futuro, pois todo o financiamento pode ter servido à ignorância. Geralmente, os pais somente percebem que foram permissivos demais quando o filho já está trazendo problemas para eles, para os seus professores e, com certeza, para ele próprio. Não cumprir com suas pequenas obrigações escolares, faltar às aulas, ser reprovado, experimentar drogas: se isso continuar, pode evoluir para abandono escolar, analfabetismo, analfabetismo funcional, incompetência profissional, subemprego, baixa qualidade de vida e exclusão social.

O excesso de proteção e a permissividade tornam ainda mais necessária a meritocracia, conforme conversaremos no Capítulo 2. Pais jurássicos eram os que tinham paciência curta, voz grossa e mão pesada. Procurando não traumatizar seus filhos, os pais mais modernos fizeram o contrário e criaram filhos bastante folgados. Porém, embaixo de um folgado tem sempre um sufocado. O reconhecimento do mérito dá uma noção de realidade aos filhos: *Não merece, não tem. Não trabalha, não recebe salário. Não estuda, não tem regalias.*

É mais que necessário que os pais acrescentem a meritocracia como um valor do cotidiano familiar. Ainda no Capítulo 2, mostrarei que há muitos pais que se sacrificaram para "criar", e não educar, seus filhos – e hoje continuam pagando as contas dos seus netos. Não seria justo que pudessem curtir a vida, já que trabalharam tanto? Entretanto, eles ***merecem, mas não recebem gratidão*** – como analiso na página 63, do Capítulo 2.

O tempo de convivência entre pais e filhos diminuiu, pois a maioria das mães trabalha fora, como os pais, e as criancinhas vão à escola até com menos de 2 anos de idade. Muitos atribuem à tal falta de tempo a dificuldade de educar seus filhos. Por isso, muitos pais querem fazer dessa convivência um *happy hour*. Isso, porém, acaba virando um *tragic hour*, pois é impossível todos satisfazerem suas vontades simultaneamente.

Alguém tem que "orquestrar" a paz no grupo, contrariando alguns desejos inadequados e dissonantes da harmonia. *Se os pais não orquestram, os filhos tocam a vida à sua maneira, provocando dissonâncias relacionais, sem se incomodar com outros instrumentos.* A paz se torna inviável, pois os filhos funcionam como príncipes herdeiros e não como sucessores empreendedores como os pais sonhavam. Alguns pais delegam a educação à escola porque talvez nem lhes ocorra nessa hora que, para eles, filhos são para sempre enquanto, para a escola, eles são transeuntes curriculares.

Hoje, não basta ser pais. É preciso que eles se preparem para ser educadores e ajudar os filhos a construir um futuro de *Alta Performance*. Ninguém nasce pronto, mas todos nascem com inúmeros potenciais que podem ser desenvolvidos com a educação "orquestrada".

Todo ser humano é um educador em potencial, pois já nasce um aprendiz, tanto dos outros quanto da própria experiência. Não há tempo suficiente para cada habitante do planeta absorver por si só tudo o que acontece à volta. É necessário que se aprenda dos outros, e, quanto maior for seu aprendizado, mais competente será na vida.

No Capítulo 4, analiso que muitos pais, mesmo acreditando ser educadores dos filhos, não são. Como não sabem a falta que faz tudo aquilo que desconhecem, pensam estar fazendo o melhor possível.

Só quando conhecem os princípios educativos do *Quem Ama, Educa!*, percebem quantas ações educativas poderiam ter praticado.

A pergunta mais comum que estes pais fazem a si mesmos é se ainda há tempo para corrigir o que foi feito. Sempre há, pois o ser humano não perde jamais a possibilidade de aprender e dar o *Passo Além*.

Temos que pensar hoje sobre o futuro dos filhos. Como educar para um futuro que desconhecemos, e que está em contínua evolução? Essa é outra grande questão: *preparar hoje o homem de amanhã*. Os valores pessoais pertencem à pessoa, que os leva consigo para onde for. São esses os educadores do futuro, dos quais falo no Capítulo 4.

A *Alta Performance*, desenvolvida no Capítulo 5, mais que um desempenho, é um conceito de vida no qual – em cada ação e em cada pensamento – se procura transcender a própria pessoa, os seus relacionamentos, o aqui e o agora. Os pais sabem que cada ação educativa transcende a própria vontade de educador para desejar que o filho tenha o máximo de competência que leve a uma excelente qualidade de vida com ética, amor saudável e sustentabilidade.

Quando se busca o melhor para todos, num exercício de *ganha-ganha*, transcende-se o relacionamento pais-filhos para todos os outros tipos de relacionamentos. Pensando no futuro, estejam onde os filhos estiverem, transcende-se o imediatismo do "meu futuro é agora" e de querer fazer bonito somente aqui, onde são conhecidos.

A novidade é que não podemos controlar a fonte dos pensamentos, mas não há como deixar descontrolado o seletor consciente deles. Esse seletor é educável e, quanto mais alta for a *performance*, melhor índole e caráter terá a pessoa em suas ações.

Os neurônios espelhos estimulam as pessoas a fazer o que as demais pessoas à sua volta fazem. Se um engorda na família, outros também engordam, caso não se preservem. É o que geralmente acontece com o jovem que acaba usando drogas porque os seus amigos usam – pois ele ainda não desenvolveu o seu instinto de preservação.

Se os pais querem que seu filho ande somente com pessoas melhores que ele, significa que ele tem que ser pior que seus amigos. Se um filho anda somente com más companhias, os pais podem ter a certeza de que os pais destes amigos também acham o filho deles má companhia. No Capítulo 5, analiso essa questão. Toda a educação positiva pode ser destruída pelo uso de drogas. *Hoje em dia, não é suficiente fazer o bem para ser uma pessoa do bem. É preciso que se combata o mal.* O grande mal evitável está no uso de drogas. As escolas não têm uma medida padrão para prevenir, nem o que fazer com um aluno sob efeito de drogas, sejam elas quais forem: álcool, maconha etc.

Sun Tzu, no seu livro *A Arte da Guerra*, diz: "Conheça seu inimigo como a si mesmo; em uma centena de batalhas você nunca correrá perigo". Com as drogas, a atenção tem que ser diária. Somente com conhecimentos sobre as drogas, essa atenção se torna eficiente. Tudo isso se aprende com livros especializados.

É essencial conhecer os efeitos das drogas, como, quando, onde, com quem, quais os argumentos e desculpas mais comuns utilizados pelos usuários etc. Uma vez que a droga esteja dentro do usuário, seus efeitos químicos são mais fortes que sua vontade. Ele faz drogado o que sóbrio não faria. Sun Tzu diz: "Se o inimigo tiver uma força superior, fuja dele."

Por essa razão, no Capítulo 6, afirmo que **quem é feliz não usa drogas**. Ao usar drogas, o jovem sente prazer por saciedade, e não felicidade, e não é raro encontrar jovens de família com posses fazendo tráfico de drogas.

Nesse mesmo capítulo, falo sobre drogas e, em especial, sobre a maconha. Há, hoje um dia, uma mudança de paradigma no jovem usuário de maconha em relação a seus pais. Usada antes como uma bandeira contra o autoritarismo, uma busca de liberdade, por jovens que tinham "problemas familiares", hoje a maconha é experimentada por simples curiosidade. E, grande erro: argumenta-se que não vicia, que não faz mal, que a pessoa para quando quiser. Ou seja, há um "pré-conceito" positivo e equivocado a favor da maconha.

Como o leitor verá, termino o livro, no Capítulo 7, analisando um dos maiores males que um jovem pode fazer a si mesmo e aos outros: o alcoolismo. Hoje, os jovens tomam cerveja como se fosse refrigerante e praticam indiscriminadamente o "esquenta" – beber destilados baratos antes das festas e baladas, para lá chegarem já alcoolizados. Não há dúvida: aumentou bastante o alcoolismo juvenil. As garotas, que também "esquentam", estão se embriagando tanto quanto (ou mais que) os rapazes.

Chamo o pai ou educador à leitura da **Teoria das Janelas Quebradas**, aplicada ao funcionamento psicológico da própria pessoa. Quem pratica uma pequena transgressão (alcoolizar-se, por exemplo) facilita o surgimento de outras tantas até chegar a grandes contravenções, crimes contra a lei. Leia também **Com álcool: sem noção**.

A primeira instância mental atingida pelo álcool é a da censura, e basta um pouco para as meninas "se liberarem" e se arrependerem no dia seguinte do que "aprontaram". Já os rapazes se vangloriam do que fizeram. Daniel Goleman, no seu livro *Inteligência Emocional,* mostra quão altos se tornam os índices de estupro, abusos sexuais e suicídios, além dos já conhecidos acidentes de carro em jovens semialcoolizados.

Todo o conhecimento passa a ser construído a partir de informações. Não fossem basicamente a inteligência, o sonho, a curiosidade, a necessidade, a competência, a disciplina, a civilidade, o hominídeo (ancestral cenozoico plioceno humano) teria *marcado passo* na sua sobrevivência baseada apenas nos seus instintos mamíferos, e não teria dado os *passos além* que desenvolveram a humanidade e construíram a civilização.

Os países que não investem na educação estão financiando a ignorância (que tem um custo muito maior que a construção de conhecimentos). O maior entrave para o progresso é o analfabetismo, o segundo é o analfabetismo funcional. A educação é uma das maiores competências para a saúde, o trabalho, a cidadania e o progresso de um país. Por isso, cito três eloquentes exemplos: Coreia do Sul, Finlândia e Japão.

COREIA DO SUL: lá é onde estão os melhores alunos do mundo. Não são superdotados, mas têm o melhor ensino básico do planeta. O karaokê é só um dos recursos educativos. Na sala de aula, tudo estimula e leva ao aprendizado. São oito horas por dia na escola, sem ser estressante. Todos têm notas acima de oito. O segredo é nunca permitir que o aluno passe um dia sem entender a lição. Os professores precisam ter curso superior e são atualizados e avaliados a cada dois anos. Se o aluno não aprende, o professor é reprovado. Tudo isso num país que, nos anos 50, estava destruído por uma guerra civil que o dividiu ao meio, deixou um milhão de mortos e a maior parte da população na miséria. Um em cada três coreanos era analfabeto. Hoje, oito em cada dez chegam à universidade. A Coreia do Sul está em 12º no ranking do PIB, pelo Fundo Monetário Internacional.

FINLÂNDIA: por sua vez, era um país relativamente pequeno, periférico, agrário e pobre há 50 anos e hoje é uma das maiores economias competitivas no mundo, com um dos mais baixos índices de desigualdade social, impulsionada pela educação. Bons professores e alto nível de exigência são indicadores de sucesso em educação nesse país, que tem o sistema educacional considerado o melhor do mundo, sendo ele três vezes campeão do Programa Internacional de Avaliação por Aluno (PISA), a mais abrangente avaliação internacional de educação, feita pela Organização para Cooperação e Desenvolvimento Econômico (OCDE).

JAPÃO: um dos objetivos centrais do sistema educacional é o de produzir cidadãos confiantes em si mesmos – para uma nação pacífica e democrática –, que respeitem os direitos humanos e amem a verdade e a paz. A lei dá ênfase à importância do conhecimento político e da tolerância religiosa no desenvolvimento de cidadãos sadios, mas proíbe de maneira específica qualquer ligação entre os partidos políticos ou religiões e a educação.

As cidades de Hiroshima e Nagasaki foram totalmente destruídas em agosto de 1945, por duas bombas atômicas, fazendo com que o Japão, devastado, se rendesse em seguida aos seus vencedores. A alta qualidade da educação foi um fator-chave para a recuperação do acelerado crescimento nas décadas seguintes ao final da Segunda Guerra Mundial. Tal progresso levou o país a ocupar o posto de segunda maior economia do planeta.

BRASIL: todos sabem que o Programa Internacional para Avaliação de Estudantes, PISA, nos coloca em 53º lugar – numa lista de 65 países. A avaliação do ensino em Leitura, Matemática e Ciências é, portanto, vergonhosa para nós.

Como se vê, temos muito o que fazer para progredir em Educação no Brasil. É nossa obrigação com a humanidade preparar uma geração para o mundo que estamos a lhe deixar. Então, mãos à obra. Pais, Educadores e toda a sociedade devem ser também praticantes da *Alta Performance*! Eduquemos nossos filhos para seu próprio futuro.

IÇAMI TIBA

~

# CAPÍTULO
# UM

# APRENDIZAGEM

## FASES DO AMOR NO APRENDIZADO

— Não aguento mais a minha filha. Ela grita comigo, faz bagunça em casa, só quer fazer o que quer, não me respeita, exige tudo na mesma hora e, quando é contrariada, me agride. Pergunto quantos anos ela tem.

— Dois anos — responde a mãe, bastante desanimada e parecendo conformada com a situação.

É uma princesinha tirana. Com dois aninhos, já está reinando!

## AMOR DADIVOSO E AMOR QUE ENSINA

Todos os filhos recebem dos seus pais o **amor dadivoso**. Basta terem nascido que já são amados. Assim que tomam alguma iniciativa, sobrevém o **amor que ensina** o que os filhos não sabem, e, a seguir, o **amor que exige** que eles façam o que aprenderam.

Essa tirania do exemplo acima é resultado de a mãe não ter exigido que a filha fizesse o que já lhe ensinara. Dessa forma, a amada filha não aprendeu a educar as suas vontades. Quando a filha joga a colher no chão, a mãe ensina:

"Não jogue a colher no chão!" – Mas devolve-lhe a colher. A criança olha para a mãe e joga outra vez. Por quê?

A criança pode ainda não entender o que a mãe ensinou, mas concluiu que havia permissão de jogar outra vez por causa da expressão facial, da modulação da voz e também porque a mãe devolveu-lhe a colher. A mãe fez tudo isso porque ama a filha. É o amor dadivoso, que não ensina. Faltou à mãe uma expressão mais firme e decidida do amor que ensina.

"Já falei que não é para jogar a colher no chão!", reclama, um tanto áspera, e lhe devolve a colher, que a filha imediatamente joga outra vez...

A filha descobriu uma brincadeira: ela joga a colher, a mãe pega e lhe devolve. A filha se diverte. A mãe se irrita e fica brava. A filha acha graça e dá risada. A mãe se desmancha ao ouvir as gargalhadas e, ao ver a filha feliz, lhe dá um beijo estalado.

O que essa filha aprendeu? Que a mãe adora catar a colher do chão e devolver para ela. E o que a mãe aprendeu? Que não adianta querer ensinar, já que a filha é teimosa...

## Onde está o erro?

O ensinamento tem que ser acompanhado por uma voz mais firme, ações mais decididas para deixar de alimentar o que levou a criança a errar. Esse é o poder dela: jogar ou não a colher. Não alimentar o erro, isto é, não lhe devolver a colher, estará no poder exercido pela mãe. Conseguir que a filha pare de jogar a colher constitui o poder da mãe.

Não será gritando, ofendendo, agredindo a filha que a mãe irá ensiná-la. Agindo dessa forma, o que ela consegue é divertir ou até amedrontar a filha, que, no entanto, poderia aprender facilmente se a mãe empregasse gestos e voz clara e decidida. Se, da primeira vez que a mãe ensinou, a filha não aprendeu, não adianta ficar repetindo a lição, do mesmo jeito, e sim agregar algumas ações e/ou vozes que tragam reforço ao primeiro ensinamento.

O mais interessante para o *amor que ensina* é a mãe dizer o que vai acontecer se a criança jogar a colher mais uma vez. A mãe poderia dizer firmemente, fazendo-a olhar para os seus olhos:

– Colher é para ficar na mão. Se você jogar outra vez, não pego mais. Você vai ficar sem ela até acabar de comer.

Se a criança torna a jogá-la, a mãe não deve pegá-la mais: a menina vai comer com as mãos, ou não vai comer. O que não pode ocorrer é a mãe ficar sempre devolvendo a colher, seja qual for o argumento, porque a criança não vai entender. O que ela consegue entender com a frase acima é que, se jogar, vai ficar sem o talher. Se a filha chorar, a mãe pode ficar com pena, arrepender-se e pensar em devolver a colher para ela. Grande erro, pois é essa submissão da mãe aos caprichos da filha que leva pais e mães a perder autoridade, deseducar e transformar uma doce princesinha em tirana.

**O amor que exige** constitui uma terceira fase da educação que, por sua vez, reforça a segunda (*o amor que ensina*), e durante a qual os educadores (*pai, mãe, professores*) devem exigir que os aprendizes pratiquem o que aprenderam. O primeiro amor, *o dadivoso*, já está dado e sempre existirá.

*Não é errando que se aprende; mas, sim, corrigindo o erro.* Os pais que ensinam o que já foi ensinado deixam de passar para a terceira fase, repetindo sempre a segunda. Basta que o aprendiz não pratique o que aprendeu – portanto, falha do aluno e do pai ou educador que deixa de exigir –, e repete-se a mesma ladainha, a frágil ameaça de sempre: "Pela milésima e última vez, vou lhe explicar...".

O amor que exige não traumatiza a filha, ao contrário, não exigir é que deforma a sua personalidade, e ela passa a sofrer diante de qualquer solicitação mais assertiva da vida.

## AMOR QUE EXIGE E SUAS CONSEQUÊNCIAS

COMO EXIGIR ALGO DE UMA criança que não quer fazer o que já sabe? Há uma quarta fase: **o amor que aplica as consequências** combinadas entre as duas partes (educador e aprendiz). Quando se ensina o que a filha deve fazer, comunica-se também a consequência com a qual ela terá de arcar se não fizer sua parte. Surras, cascudos, broncas, gritos, proibições de brincar ou de assistir à TV não são consequências. A consequência será uma ação diretamente relacionada à falha cometida para corrigir o erro. Proibir televisão não tem nada a ver com jogar a colher no chão.

A criança precisa associar as ideias de que ela não tem mais a colher porque a jogou no chão, e não porque não comeu. Ela vai continuar comendo se alguém manusear o talher por ela. E, se quiser a colher de volta, a mãe ou responsável deve repetir com firmeza: jogou, perdeu!

Pais que não suportam ver o filho chorar não devem exigir que ele não jogue a colher. Ou seja, exigir coisas e não impor nenhuma consequência não só é altamente deseducativo como acarreta perda de autoridade. *Pais não devem exigir o que não podem cumprir.*

Importante para os educadores é saber se o aprendiz entende o que está sendo ensinado. Quando se dá uma ordem com um verbo ativo na forma negativa, em geral a criança se prende à ação, e não à proibição. Assim, se a mãe diz: "Não jogue a colher", o verbo ativo é "jogar" – isto é, a mente da criança elabora primeiro o "jogar a colher" e só depois a negação. A execução da ação é mais rápida que a negação, e a criança, então, volta a "jogar a colher".

Outro exemplo: "Não corra!". Na mente da criança se forma a ação "correr", para que depois a ação seja negada. Ou seja: é sempre mais fácil expressar uma ação afirmativa – "Pare!", "Segure a colher na mão" – porque, com essa ordem, primeiro ela paralisa a ação e só depois joga ou corre.

## GUARDAR BRINQUEDOS

PRÍNCIPES, PRINCESAS E TIRANOS NÃO costumam guardar seus brinquedos após brincar. Ora, crianças que conseguem pegar seus brinquedos onde eles estão guardados são capazes também de guardá-los no mesmo lugar. Só não o fazem porque não lhes ensinaram. O que elas aprenderam é que outras pessoas sempre guardam seus brinquedos. Por mais amor que tenha, a mãe estará deseducando a filha ao abrir exceções, pois valores não comportam exceções.

No mundo em que vivemos, é muito importante que cada um aprenda a cuidar dos seus pertences, a alimentar seus vínculos afetivos, a preservar o seu planeta para seus descendentes. Esse é um valor que todo cidadão deve cultivar.

Nada melhor que ensinar uma criança a cuidar dos seus brinquedos, pois eles são seus pertences de valor. A frase de ensinamento é: *Quem não cuida do que é seu perde*. Os pais devem combinar com o filho que ele tem de guardar os brinquedos depois que acabar de brincar. É importante estabelecer um prazo para que o ensinamento seja cumprido. Ensinamentos sem prazo de execução permitem desculpas como "depois eu guardo", bem como, no dia seguinte, "esqueci de guardar".

Caso não cuide dos seus brinquedos, eles serão doados para crianças pobres. Enquanto o filho não incorporar o valor de cuidar do que é seu, os pais poderão dar sempre uma última chance para que o brinquedo seja guardado, contando até três. Se, ao terminar a contagem, o brinquedo ainda continuar fora do lugar, os pais devem guardá-lo para doar. E, muito importante: não podem ficar com pena do valor ou da criança e simplesmente esconder o brinquedo. Poupá-la "gentilmente" apenas a deseduca. Guardar o brinquedo sem que a criança perceba também é antipedagógico.

Nada pior para a *educação dirigida* do que fazer pelo filho o que ele é capaz de fazer. *Quem não faz não aprende.* Uma criança que não teve um crescimento *orquestrado* é capaz de questionar os pais:

– Por que eu tenho de guardar? A gente tem a empregada...

Em vez de ficar irritado e bravo com o filho, os pais devem aproveitar a pergunta e explicar que a brincadeira acaba quando este guarda o brinquedo e ajeita o tapete para que outros possam usar o ambiente. Todos em casa têm de deixar o que usam em ordem para o outro poder usar. É um princípio de boa convivência, de civilidade.

– Ninguém na escola guarda! – pode ainda argumentar o tirano espertinho.

Os pais não podem perder a oportunidade de explicar sobre a prática da Cidadania Familiar. – Você gostaria de entrar num banheiro sujo? Se usarmos, temos de deixar limpo. Em casa, nós amamos uns aos outros e ensinar é um gesto de amor.

E mais:

– Ensinamos você para que seja uma pessoa educada, do bem, de quem todo mundo gosta. Vai ver que os pais dos seus coleguinhas não tiveram essa oportunidade de ensinar como nós estamos tendo. Eu gosto que você deixe a sala em ordem para eu poder descansar quando volto do trabalho. Você também gosta de ter suas coisas em ordem. Se cada um cuida do que é seu, a casa toda, que é nossa, vai ficar sempre limpa! Entendeu?

Um ensinamento tem de ter coerência na sua essência educativa, constância na sua aplicação e consequências punitivas quando não for cumprido. É o princípio da coerência, da constância e da consequência de uma regra. Se a regra é *não mentir*, a criança educada não mente para não ser incoerente com o que aprendeu. A criança tem de aprender que a verdade deve ser uma constante, seja na frente de quem for, e tem de assumir as consequências do ato de mentir. É dessa maneira que se constroem os valores que vão guiar a vida de uma pessoa educada.

## VIDEOGAME TAMBÉM ENSINA

As regras a serem ensinadas são equivalentes às de um videogame: em todos eles, os primeiros obstáculos das fases iniciais são sempre muito fáceis de superar, a vida é facilmente mantida. Quando a criança cumpre as metas, muda de fase. O que lhe permite mudar de fase é *ter o sucesso na fase anterior.*

Na fase seguinte, os obstáculos e perigos aumentam. Ela tem de se superar e tratar de se manter viva – o *que, por analogia, corresponde a não perder o brinquedo.* A qualidade e a quantidade de perigos aumentam de uma fase para outra, e a criança vai se tornando cada vez mais hábil para enfrentar a próxima fase.

Ela só passa de uma fase para outra quando consegue vencer as dificuldades de uma determinada unidade de tempo. Portanto, a criança é instigada o tempo todo a superar os obstáculos: ou consegue ultrapassá-los, ou morre. O que a motiva não é só mudar de fase, mas também enfrentar novos desafios e "não morrer". Essa habilidade só aparece quando ela se exercita e desenvolve competências para destruir inimigos. Quando a criança é sucessivamente destruída por eles, abandona o jogo, interrompendo o processo de desenvolvimento da competência – ou seja, é, de fato, "destruída".

Apesar de todos os pesares, os jogos eletrônicos continuam atraindo e até viciando alguns usuários. Vamos desvendar um pouco os seus segredos, comparando-os, de um modo um tanto bem-humorado, com a escola que conhecemos:

1 INTERATIVIDADE: o jogo responde imediatamente a qualquer ação do usuário e o provoca quando fica algum tempo parado, sem ação. A escola é muito lenta para qualquer mudança.

2 FEEDBACK: tudo o que o usuário faz tem resposta imediata. Na escola, o feedback do aluno é cobrado geralmente um mês depois de dada a aula, nas provas mensais.

3 PASSO ALÉM: o usuário sente o seu progresso no jogo, passo a passo, fase por fase. Qual o *Passo Além* que o aluno dá após as aulas?

4 MARCAR PASSO: se ficar parado, *marcando passo*, acaba sendo atingido e morre. O adolescente parado está deprimido, dormindo, morto ou assistindo à aula.

5 **SEMPRE UMA NOVA CHANCE:** se morrer, não tem importância, reinicia o jogo. Ai do aluno que perguntar sobre a matéria dada.

6 **PONTUAÇÃO:** qualquer ação bem-sucedida é premiada com pontos. Alguns professores só marcam pontos para descontar da nota final.

7 **RANKING:** o usuário quer pertencer ao ranking do jogo. Na escola a meritocracia é execrada até pelo Poder Público, com sua aprovação automática.

8 **NUNCA ESTÁ SOZINHO:** pelo ranking, o usuário conhece os seus concorrentes, outros usuários. Na escola, concorrer é "politicamente incorreto", pois o que vale é não constranger o aluno, mesmo que não estude.

9 **DISPONIBILIDADE:** o jogo está sempre disponível para ser iniciado por qualquer usuário, a qualquer hora, em qualquer lugar. Na escola, há professores com pouca disponibilidade, até mesmo em sala de aula.

10 **SENTIDO DE PARTICIPAÇÃO:** o jogo dá ao usuário a sensação de poder ou fracasso que dependeu exclusivamente dele. Na escola, o aluno é tanto melhor quanto menos incomodar com perguntas ou desinteresses.

11 **SISTEMA DE RECOMPENSA NO CÉREBRO:** a cada ação bem-sucedida, o cérebro despeja dopamina, gerando prazer ao usuário, que,

para conseguir mais prazer, precisa jogar mais. Alunos adoram a escola, o que lhes atrapalha a vida são as aulas.

12 **PODER VICIANTE:** tudo o que ativa o Sistema de Recompensa pode viciar, isto é, o prazer em outras atividades passa a não mais satisfazer o usuário. Não se encontram alunos viciados em assistir às aulas.

Podem ser um tanto agressivas as minhas observações às escolas e aos professores. Entretanto, não tenho intenção de agredir ninguém. O que pretendo é instigar os educadores a fazer uma avaliação crítica de sua própria função, para que possamos todos dar um *Passo Além* do que já demos. Tanto que, ao longo do livro, apresento algumas sugestões provindas de experiências bem-sucedidas em ensino-aprendizagem com alunos.

## EFEITO BORBOLETA NA EDUCAÇÃO

*O bater de asas de uma borboleta no [Oceano] Pacífico pode ser responsável pelo aparecimento de um tufão do outro lado do planeta. O chamado efeito borboleta, embora ilustrativo, explica o que cientistas chamam de Teoria do Caos – princípio que afirma que um pequeno evento pode ter consequências imprevisíveis, pois o resultado final é determinado por ações interligadas de forma quase aleatória.* [2]

2  http://info.abril.com.br/noticias/ciencia/efeito-borboleta-existe-no-mundo-quântico,  9102009-5.shl. Visitado em fev. 2011.

Quando deixamos de ensinar, de exigir e de aplicar as consequências, estamos construindo a ignorância. Essa construção, mesmo que na hora não custe praticamente nada, acaba sendo muito mais cara que a construção do conhecimento. Um conhecimento eticamente construído enriquece o indivíduo, a sociedade e o mundo em volta – por toda a vida. Uma pequena ação educativa hoje traz grandes e importantes diferenças no futuro.

Em última análise, o amor que educa visa formar cidadãos competentes e éticos – entendendo-se por ética as características da civilidade. É possível ser muito competente e não ter ética. A ética ajuda a civilização, porque valoriza não só o bem das pessoas, mas também o do ambiente. E a educação faz com que o indivíduo participe da construção da civilização.

Tudo o que representa tirar proveito próprio em detrimento do outro, tudo o que se pirateia ou destrói constitui uma atitude retrógrada. O retorno de uma ação cidadã e ética pode não ser imediato. Os benefícios de plantar uma árvore virão para outras pessoas e, com certeza, para a vida no planeta.

No meio escolar, o fator que mede a *Alta Performance* dos professores deveria ser o aprendizado dos seus alunos. Atualmente, são poucos os alunos que estão motivados a aprender, o que torna ainda mais difícil a tarefa dos professores. E pior: independentemente da idade, as famílias não sabem o que fazer com filhos que não querem estudar. O desrespeito à autoridade educativa tornou-se padrão. Não se aprende com alguém a quem não se respeita; com isso, a educação no Brasil torna-se crescentemente mais negativa.

*Quanto mais grave a doença, mais amargo o remédio.* Minha proposta parece pouco simpática aos aprendizes e aparentemente bastante trabalhosa aos pais e educadores. Porém, uma vez adquirida a prática, não se pode mais viver sem ela, em razão dos excelentes resultados que se conseguem em todos os aspectos da vida.

## APRENDIZAGEM E FASES DO AMOR

É PRECISO QUE O PROFESSOR dedique ao aluno que vem à escola uma simpatia equivalente ao amor *dadivoso* que os pais sentem pelos seus filhos. Os alunos têm de se sentir acolhidos pelo professor. Já não é fácil para o adolescente ir à escola, e tudo piora se ele for recebido por professores indiferentes. O professor tem de olhar para além das dificuldades e, pensando como aquele médico que se sente responsável pela cura do paciente que o procura, perceber que a oportunidade do aprendizado do aluno está em suas mãos.

Em geral, o aluno que tem autoestima baixa é o que dá mais trabalho para aprender. Um bom professor sabe que sua atitude será determinante para moldar o futuro desse aluno, tornando-o um cidadão ou um excluído social. *Em pele ferida, até anestésico pode doer.*

## Olhe, professor!

Se você, professor, olhar no fundo dos olhos de cada um dos seus alunos problemáticos, perceberá uma simpatia mútua. Procure-os fora da sala de aula, conheça-os um pouco mais, chame-os pelo nome. Não precisa se tornar amigo deles, mas seja o professor que ouve as suas dificuldades, que se interessa pelo que eles gostam. Se fizer o aluno sentir-se gente, como gente ele se comportará, pelo menos com você. A própria percepção do estado em que ele se encontra pode ser o primeiro passo para a superação de dificuldades. Se cada professor adotar esse tipo de atitude, outros alunos poderão superar as suas dificuldades. Essa corrente formará uma corrente de professores de *Alta Performance*. Conhecem-se as qualidades de um professor pelo sucesso alcançado pelos seus alunos. Em vez de gastar tempo e energia com resmungos inúteis, por que não aplicá-los em benefício de alguém que esteja realmente precisando? Sua vida ganhará um novo incentivo, professor! E você estará fazendo parte daqueles que estão recuperando o Brasil pela Educação.

É próprio do professor o gosto de ensinar – portanto, não lhe seria difícil aplicar o amor que ensina. Esse amor é facilmente correspondido por alunos que querem aprender. É como o *chef de cuisine* que prepara uma refeição para quem está com fome.

"A fome é o melhor tempero", dizem as avós com a sabedoria que a vida lhes propiciou. Aprender é como comer[3]. O professor é o *chef* para um aluno faminto, mas que não quer comer. Ao professor cabe o preparo e a apresentação da comida – resultado do amor que nutre em sala de aula –, mas o ato de colocar o alimento na boca, mastigá-lo e engoli-lo depende da vontade do aluno. Da garganta até a ampola retal, o trabalho de aproveitamento do alimento é involuntário, pois o tubo digestivo funciona sob o comando do sistema nervoso autônomo.

Da mesma forma, na aprendizagem, há o que compete ao professor e o que diz respeito ao aluno. Ao professor cabe preparar e ministrar a aula, passar e corrigir lições de casa, planejar, executar e corrigir provas periodicamente. Ao aluno compete acompanhar a

---

3 Içami Tiba. *Ensinar Aprendendo: Novos Paradigmas na Educação*, cap. 2.

aula, digeri-la através das tarefas de casa, exercícios, trabalhos e lições, e mostrar que aprendeu fazendo boas provas.

O lucro do ato de se alimentar é a energia vital, que responde pelo viver com saúde biológica. O lucro do aprendizado é a construção de um corpo de conhecimentos responsável pela qualidade de vida e da *Alta Performance.*

## PROFESSOR SEDUZ E CONQUISTA SEUS ALUNOS

QUANDO UM ALUNO RECEBE UMA sentença (informação) complicada, ele tem de dividi-la para compreendê-la por partes e só depois remontá-la novamente. O tamanho de cada parte depende da sua capacidade de entendimento. É esse entendimento que caracteriza a passagem do mundo exterior para o interior do aluno. O professor pode ajudar esse entendimento dividindo a sentença em pequenas partes, já durante a própria exposição. Com isso, ajuda o aluno a aprender o processo de *mastigar* uma informação. Caso contrário, se ele não recebeu bem a informação, não tem o que mastigar.

O que a prática tem demonstrado é a existência de um vício que o aluno adquire por causa das provas do final do mês. Todo dia, ele recebe a aula e, ainda que faça as tarefas de casa relativas ao conteúdo do dia, ele mais cumpre um dever do que aprende. Todos os dias, o aluno acumula matérias de várias aulas e, no final do mês, ele tem de estudar tudo para fazer a prova. Esse padrão de funcionamento escolar tornou-se obsoleto, precisa ser substituído por algo contemporâneo. Ou seja, o costume tem de ser mudado. É possível haver regras para essa mudança. Veja como aumentar a participação do aluno em sala de aula nestes passos a seguir:

## 1. Preparo mental dos alunos
### (para receber a aula do dia)

**Estimular a** mente do aluno a participar da aula é uma necessidade imperiosa do professor que quer a participação dos alunos no aprendizado. Basta que, ao começar a aula, o professor pergunte: "Quem se lembra de uma palavra ou frase dita na aula passada?". Essa pergunta é o fósforo para acender a mente do aluno que começa a se perguntar: "Aula? Que aula? Quando? A qual matéria ele está se referindo?" etc. É o processo do aquecimento da mente para a aula. Para o aluno, é necessário um esforço mental.

Quem conseguir responder primeiro recebe como prêmio um ponto na sua nota de participação de aula. É o único estímulo do qual o professor pode usar e abusar. E há o feedback imediato que o aluno recebe do professor pela sua participação. Premiar o primeiro aluno que se lembrou de uma palavra ou frase da última aula estimula outras mentes a se organizarem em torno dessa lembrança e, rapidamente, começam a surgir novas lembranças que devem ser premiadas também.

Quando começarem a surgir várias lembranças ao mesmo tempo, significa que a mente da classe está preparada para receber a aula do dia. É como fazer pipoca: no começo estoura uma, depois outra, para, em seguida, os estouros seguirem uma sucessão imediata.

## 2. Aula em aulinhas com mental-break

**Muitos professores** já perceberam que a mente dos alunos não aguenta permanecer concentrada, recebendo a aula, por um tempo maior que 10 a 15 minutos. Eles se dispersam, começam a conversar, se movimentam. Os melhores professores aproveitam para fazer um mental--break da aula.

Assim como os workshops têm seus coffee-breaks, esses mental-breaks podem ser muito bem aproveitados para trazer as mentes dos alunos para a participação coletiva outra vez. Os melhores professores preparam as aulas para terem dois a quatro rápidos mental-breaks. É como se preparassem três a quatro aulinhas para serem dadas durante uma grande aula de 50 minutos.

Cada aulinha teria um começo-meio-fim de um tema e, ao final, o professor perguntaria à classe: "Quem não entendeu o que foi explicado?". O professor não deve se aborrecer com quem teve dificuldade, e sim aproveitar o não entendimento para dinamizar outros alunos, perguntando: "Quem entendeu?". Essa pergunta provoca uma espécie de movimentação mental dos conteúdos recebidos, o que facilita a compreensão, a memorização e o aprendizado. A interação entre os alunos aumentará se, em vez de o professor escolher, pedir a quem não entendeu que escolha alguém que entendeu para lhe explicar. Quem explica merece um ponto como prêmio.

Aos professores desanimados cabe o triste destino de estar mais prejudicando do que ajudando os alunos, pois o bocejo e o desânimo contagiam os outros à sua volta, principalmente se proceder do chefe ou do líder. A obsolescência os devorará e eles costumam depor contra a escola, pois esta se quebra no seu ponto mais fraco.

### 3. Debate ao final de cada aula

**Os melhores** professores podem adotar também o mesmo princípio do mental-break para as aulas regulares. Ao terminar a aula, o professor escolhe um aluno e pede que diga-lhe uma frase sobre o que "aprendeu" naquele dia. Quem achar que ele acertou, levanta a mão. Se a maioria levantar a mão, e o professor confirmar o acerto, ganha um ponto como prêmio. Se estiver errado, o professor deve perguntar quem quer dar a resposta certa.

O professor não deve punir quem errou, mas estimular o acerto e a correção do erro. Esse aluno pode escolher quem em seguida fará outro resumo. O importante desse fechamento é que o professor faz a matéria dada rodar várias vezes pelas mentes dos alunos.

### 4. Marketing da aula seguinte

**Para estimular** mais a participação dos alunos no aprendizado, vale a pena instigá-los a assistir à próxima aula, oferecendo *teasers* do que eles vão aprender. Essa "degustação" funciona como trailer de um filme ou cenas do próximo capítulo de uma novela. Nessas prévias, mostram-se as cenas mais interessantes, emocionantes, fortes e movimentadas para seduzir os espectadores. O professor deve perceber quais temas interessaram mais aos alunos e atrelar os *teasers* a esses tópicos, para que os alunos se interessem em acompanhar todo o enredo da aula.

## 5. Saída honrosa aos alunos "fracos"

**Os professores** não têm outros recursos na escola e na profissão a não ser dar notas de mérito ao desempenho dos alunos. As notas têm de ser o objetivo final, e acredito que premiar as melhores notas estimula a concorrência, grande motivador para elevar a *performance*. O difícil é premiar os melhores sem desanimar os piores. Uma saída honrosa aos piores seria fazer outro tipo de competição em que pudessem conseguir melhores resultados que os já premiados.

Lembro-me de uma escola numa cidade pequena do interior paulista que tinha um "aluno-problema": ele não gostava de estudar e, consequentemente, suas notas eram as piores entre os 300 alunos da escola. Numa conversa, olho no olho, a diretora perguntou a esse aluno sobre o que ele mais gostava de fazer. A resposta foi imediata: "Fazer e empinar pipas!". A diretora então indagou sobre o que ele precisaria para ensinar outros alunos a fazer pipas.

O aluno foi, assim, convocado para ensinar os colegas a montar pipas durante uma aula de Física, com o professor em classe. Enquanto o aluno ensinava o que sabia aos demais, o professor explicava os princípios da Física envolvidos na construção da pipa. Esse aluno se sentiu motivado a aprender mais sobre a disciplina e, pela primeira vez, comportou-se muito bem: aprendeu com voracidade o que o professor ensinava à classe.

## 6. Pais e estudos diários em casa

**É sabido** que pais que acompanham os estudos do filho propiciam que ele melhore seu rendimento em 80%. Alunos que rendem bem na escola ficam também mais motivados a aprender mais. É muito difícil estimular alunos desmotivados. Filhos saudáveis querem corresponder às expectativas dos pais.

Os filhos acreditam que pais que não os acompanham nas suas tarefas não se interessam por elas. Filhos confundem-se com suas tarefas. Quando os pais não dão importância para as tarefas, os filhos acreditam que os pais não se interessam por eles e tornam-se desmotivados.

Filhos também não se interessam pelos trabalhos dos pais quando estes nada dizem aos filhos sobre o que fazem, pensam ou sonham. Eles acreditam que o trabalho dos pais é horroroso, pois voltam cansados, irritados, reclamando do trânsito, de que tudo está muito caro etc. Não é à toa que os filhos não se animam a trabalhar e, muito menos, a seguir a carreira em que os pais trabalham.

Não é preciso estimular os filhos a agradarem seus pais, pois essa vontade é promovida por uma motivação quase instintiva de sobrevivência. É como adultos que não precisam de estímulos, pois têm essa mesma motivação quase instintiva para amar e agradar seus filhos, principalmente quando recém-nascidos.

A maioria dos pais reclama, porém, que não tem tempo para acompanhar os estudos do filho. Eles podem não ter tempo real para sentar com os filhos como gostariam, mas podem contar com a internet para se relacionar virtualmente. São muitas as possibilidades: *Orkut, Facebook, MSN, BBM, torpedos, YouTube, e-mail, blogs, Twitter* etc.

Jovens e até crianças usam essas ferramentas relacionais. Os pais reclamam que seus filhos não saem do computador, ou não largam o celular, nem para conversar com eles. Ocorre que são dois mundos diferentes de conversas, o presencial e o virtual. Mesmo os jovens estando em grupo, os tecladinhos do celular vivem sendo acionados.

O que pais e filhos têm de fazer é uma combinação viável, isto é, arranjo possível de ser cumprido, com as consequências já previamente combinadas caso não se cumpra o contratado. Assim como as escolas têm de se adaptar às várias aulinhas dentro de cada aula, separadas por mental-break para debates curtos, os pais também devem adotar novos recursos de acompanhamento dos estudos dos filhos. Os filhos têm de estudar em casa todas as matérias ensinadas no dia. Adiar os estudos para as vésperas da prova, além de provocar a chamada decoreba, uma saturação do aprendizado, vicia o aluno em "deixar para a última hora", situação que acabará não só por sacrificar toda a família como criará um tempo ocioso muito grande nos dias sem provas.

A cada aula recebida, o filho tem de escrever um resumo de três linhas, usando as próprias palavras, com a maior abrangência possível. Assim, aprende a resumir, a comunicar por escrito, fazer relatório, utilizar a internet, além de *aprender a aprender*. Tudo isso será tremendamente útil para a maioria das profissões que existem hoje. Quanto mais recursos conseguir usar, maior será a motivação para estudar. O próprio bom resultado conseguido é um grande motivador para mais estudos.

O filho tem de enviar aos pais o resumo pelo instrumento que preferir, e os pais têm que dar o *feedback* assim que lerem o resumo. Se os pais não têm como chegar aos resumos, são os resumos que chegam até eles. As consequências também têm de ser imediatas, assim que possível.

Sugiro que filhos só possam dormir o merecido sono da noite após enviar os resumos. Caso os pais não recebam o resumo, devem acordar os filhos para fazê-lo. *O combinado é barato* e é só cumprir sem precisar ficar bravo, magoado, furioso, ofensivo etc., lembrando que o resumo deve ser feito no próprio dia em que foi dada a aula. Negociar o prazo de entrega abre as portas do não compromisso, da irresponsabilidade. *Irresponsabilidade e meritocracia não combinam.* Não importa se haverá uma balada importante para comemorar o aniversário do melhor amigo. O filho só poderá ir após entregar o resumo – e pronto. Se forem vários filhos, irá à balada quem cumpriu seus compromissos. Quem não cumpriu fica em casa fazendo a lição. Não se deve abrir espaço nem para discussão. Não é justo nem ético os pais perderem o merecido sono porque os filhos não estudam. Se isso acontecer, os folgados continuam folgados e os sufocados cada vez mais sufocados. São os filhos que têm de ficar acordados até terminar os resumos.

## ORIENTAR PAIS A EXIGIR O ESTUDOS DOS FILHOS

SE OS PAIS QUISEREM OFERECER um bom preparo aos filhos, têm de aposentar o antigo esquema, que era cobrar que estudassem somente às vésperas das provas e que passassem o ano.

Esse esquema é o da decoreba, que acarreta vários outros problemas, como:

› O VÍCIO comportamental do adiamento de tudo;

› NÃO CONSTRUIR conhecimentos;

› ENGANAR O ALUNO, porque dá falsa sensação de saber;

> **O QUE SE MEMORIZA** com o decoreba é perecível (some se não usar logo) e descartável após um só uso, isto é, não retém nada após a prova;

> **GASTA-SE MAIS DINHEIRO** e desgasta-se mais a família do que se houvesse um estudo regular, pois frequentemente se contratam professores particulares para auxiliar na última hora;

> **DESENVOLVIMENTO DA INDIFERENÇA** com a perda de tempo, que deveria ser empregado em estudo;

> **O PROBLEMA DA PERDA** do tempo se agrava quando o período que deveria ser destinado aos estudos é dirigido a outras atividades pouco ou nada recomendáveis, como internet, consumo de drogas etc;

> **BAIXA A AUTOESTIMA**, porque, em resumo, desenvolve-se uma insegurança própria de quem é ignorante no assunto que se pressupõe conhecedor;

> **A DECOREBA** tem pouco alcance, pois chega até a prejudicar quando se precisa realmente do conhecimento, como nos vestibulares ou qualquer outra atividade mais responsável etc.

Pais que se tornam exigentes e rigorosos com a decoreba poderiam gastar muito melhor sua energia e teriam melhores resultados se aprendessem a cobrar e exigir adequadamente, ou seja, incentivar o estudo diário. Os filhos são mais produtivos quando se exige retorno; e, se eles o derem, serão gratificados com o reconhecimento. Mais uma vez, isso lembra um jogo de videogame: a cada jogada bem-sucedida há uma recompensa imediata, e, se a ação for desastrosa, morre-se na hora – e se reinicia o jogo.

Quando as recompensas são maiores que os desastres, o filho permanece no jogo. Essa é a posição perante a vida dos filhos que chamo de "parafusos de geleia" (espanam diante de qualquer aperto). Como os filhos não valorizam o que fazem, também não se incomodam quando perdem algo. Uma boa orientação é que leiam atentamente o item 6 deste mesmo capítulo: **Pais e estudos diários em casa** (p. 55).

Os pais não têm de se envergonhar por não saberem algo, mas agradecer a oportunidade de também aprender. Um filho que ensina os pais fica bom naquela disciplina. Se cinco aulas foram dadas na escola, serão cinco resumos a enviar. Assim que os pais os lerem, podem, em resposta, até mesmo enviar perguntas acerca do que não entenderam. Isso estimula o debate, um dos recursos que contribuem para tornar o aprendizado mais atual e rico.

O interessante é que, arquivados os resumos, o aprendiz tem como relê-los quando e como quiser. O que vai facilitar a compreensão da aula do dia será ler os resumos das aulas anteriores.

Quanto mais o aprendiz lidar com a matéria dada, maiores serão as chances de transformá-la em conhecimentos – e, quanto mais sólidos os conhecimentos, maiores as facilidades e possibilidades de aprender.

~

# CAPÍTULO
# DOIS

# MERITOCRACIA

*Meritocracia é um sistema de recompensa baseado no mérito pessoal, segundo o qual premiar quem não merece desmerece quem tem mérito.* [4]

## MERECEM, MAS NÃO RECEBEM GRATIDÃO

A NTES DE SAIR PARA O trabalho, um homem de meia-idade coloca o pai dele, um velhinho de 90 anos, para tomar um pouco de sol. Ao voltar para casa no fim do dia, porém, percebe que aquele senhor idoso permaneceu no mesmo lugar, passando frio e no escuro. Esqueceram de guardar o idoso! Atônito, ele cobra dos filhos, netos desse senhor:

– Vocês se esqueceram de guardar o vovô!

E, dirigindo-se a qualquer um deles, ordena: "Vai tirar o vovô do frio!". Em resposta, imediatamente, um neto diz para o outro: "Eu tirei ontem. Agora, vai você!".

O que aconteceu nessa história? Por que um homem que se sacrificou tanto pelos filhos tem de ser vítima de um jogo de

4 Içami Tiba. *Família de Alta Performance.*

empurra-empurra? Ele foi um mau pai? Ele maltratou os netos? Por que os netos não cuidam do avô?

O pai lhes deu muito amor, proveu em tudo, perdoou. Mas não usou o lema "Quem Ama, Educa". Ou seja, esses jovens não foram educados. Ele deu tudo do bom e do melhor para os filhos, mas não aplicou o amor *que exige*, a meritocracia, a cidadania familiar. Em suma, não agiu de modo que eles cumprissem com suas obrigações. Fez tudo pelos filhos e para que eles fossem felizes – só que felicidade à custa dos outros não dá autonomia, não é independência. E quem não tem autonomia nem independência não pode ser feliz.

Será que é isso que os pais querem na velhice? Ser um empecilho, um incômodo para os filhos e netos? Não! Pais idosos merecem receber gratidão por tudo o que fizeram pelos filhos e netos, principalmente quando precisam de cuidados! Pois é hora de arregaçar as mangas: filho que merece ganha regalias. Aquele que não merece vai ter de se esforçar.

Os pais não podem ter pruridos para colocar em prática a meritocracia – é essa a porção de amor que ficou faltando para esses jovens. Quando eles nasceram, ganharam um *amor dadivoso*, gratuito. Não tinham mérito nenhum para recebê-lo, mas ganharam simplesmente porque são filhos.

Quando tiveram idade para aprender, passaram a necessitar de outro tipo de afeto – o amor que ensina. Porém, toda vez que não colocaram em prática os ensinamentos que estavam recebendo, foram poupados do *amor que exige* – ou seja, os pais optaram por ensinar outra vez o que já haviam ensinado quando deveriam ter exigido que fizessem o que lhes fora ensinado.

Na época, os pais nem percebiam que estavam errando, talvez até pensassem que estivessem fazendo o melhor possível repetindo o ensinamento. A atitude de ensinar outra vez sem que o filho tente fazer o que aprendeu é negar a primeira lição, é não passar da primeira fase do aprendizado. Isso porque, ao ser exigida, a criança descobre na ação a sua responsabilidade. Quem nada faz, por nada responde. Promessas podem ser lançadas ao vento e palavras não supõem responsabilidade. O que realmente possui mérito é a ação prática, são os resultados.

## GERAÇÃO ASA-E-PESCOÇO DE GALINHA

ESSES PAIS QUE COMERAM ASA-E-PESCOÇO de galinha (pois seus pais é que comiam peito e coxa) deram aos filhos peito e coxa de frango enquanto continuavam comendo asa-e-pescoço. Essa é uma metáfora, em que peito e coxa representam liberdade, fazer o que se gosta, sem se importar muito com o que deve ser feito, usufruir dos direitos sem ter de arcar com as responsabilidades etc.

Assim, em que pese o tanto que fez pelos filhos para que eles fossem felizes, a geração asa-e-pescoço não exigiu retribuição, ensinou outra vez e mais outra, na esperança de que eles aprendessem. Só que ninguém aprende sem motivação. Podemos estimular os outros, mas não conseguimos motivá-los, pois motivação é uma competência criada e desenvolvida pela própria pessoa.

Podemos ajudar os filhos a descobrir onde erraram, no entanto quem deve arcar com as consequências e corrigir o erro são eles próprios, insisto.

E qual seria a próxima fase? Se não cumprir o que foi exigido, receberá o *amor das consequências*: a obrigação de praticar uma ação educativa por não ter feito o que havia se comprometido a fazer. Não é castigo, é consequência – e será por causa dessas mesmas consequências que eles terão de fazer o que deixaram de fazer, corrigir onde erraram ou refazer o que foi malfeito.

É necessário muito amor para cobrar de um filho o que ele deve fazer. É preciso ter um amor muito maior que o amor dadivoso, gratuito, do qual a criança desfruta mesmo sem ter mérito. Exemplo: se ela não guarda o seu brinquedo, não se deve insistir indefinidamente para que o faça. Basta combinar: se não cuidar dele, não o merece. Sendo assim, como já comentei, ele deve ser doado. Depois de uma, duas, três doações, a criança vai passar a cuidar do que lhe pertence – e, bem mais crescida, não esquecerá o avô estorricando no sol ou tiritando de frio ao relento.

Ao longo da história da humanidade, surgiram importantes meritocratas. Entre eles, Jesus Cristo, Charles Darwin e Jean Piaget. Para ter o mérito do Céu, Cristo fez com que seus fiéis praticassem o bem. Darwin, por sua vez, comprovou que só sobrevive a espécie que se faz merecer pela adaptação às novas condições de vida. Piaget mostrou que não se constrói um novo conhecimento sem base suficiente.

Isso trouxe à tona a relação custo-benefício que permeia todas as ações: para ganhar o paraíso, o custo é fazer o bem, perdoar. Para sobreviver, paga-se o preço de se adaptar biologicamente às mais variadas condições impostas no planeta. A boa educação é uma formação continuada de construção de conhecimentos cada vez mais complexos.

A meritocracia é, portanto, o reconhecimento pelo que se faz. Não se aplica a promessas, mas a realizações – pois, se não forem transformados em projetos e realizações, bons e ricos sonhos não passam de devaneios. E como cada ser humano é único no Universo e o aprendizado se amolda ao aprendiz, toda construção de *Alta Performance* depende muito mais da própria pessoa do que somente dos seus provedores, professores ou responsáveis.

## SEM MERITOCRACIA NÃO HÁ EDUCAÇÃO

SEJA NO MEIO FAMILIAR, NA escola ou no trabalho, a falta de meritocracia atinge a todos. Exemplos existem muitos: em qualquer lugar do mundo, havendo dois trabalhadores com a mesma função numa mesma empresa – e onde um trabalha e outro não –, ambos não podem receber os mesmos salários e benefícios. Para que trabalhar tanto se não sou reconhecido nem ganho mais que aquele que nada faz? O que nada faz também conclui que não compensa se esforçar mais porque o que ganha já está bom.

Se dois filhos recebem o mesmo prêmio independentemente de seus méritos, o chefe está prejudicando toda a sua família e, consequentemente, a sociedade em que ela vive. Ser aprovado é uma condição natural de quem estuda, e estudar deveria ser uma obrigação para qualquer estudante. Mesmo que dois filhos tirem a mesma nota 7, podem ter méritos diferentes. Se um filho tem competência e inteligência para tirar uma nota mais alta, mas fica com 7, é porque não se empenhou, portanto não tem mérito. Se o outro filho, que não é tão inteligente quanto ele, mas se empenhou bastante para conseguir a nota 7, tem o mérito do esforço. O mínimo do primeiro é o máximo do segundo. Quem merece o prêmio é somente o segundo.

Se os dois recebem prêmios iguais, os pais prejudicam os dois. O primeiro continuará sem se empenhar mais, e o segundo poderá concluir que não vale a pena se esforçar tanto, já que o primeiro nada faz. O mesmo acontece com aprovação automática do aluno, ou promoções de cargo por tempo de serviço. Essas aprovações e promoções que não estão vinculadas aos méritos estimulam o não aprendizado e a acomodação profissional.

Quem faz o mínimo está desperdiçando a vantagem com que nasceu. Essa vantagem de nascimento poderá ser ampliada com a prática do empenho, enquanto o desperdício nivela o superior por baixo. É comum que aqueles que demonstram empenho consigam melhores resultados que os inteligentes sem empenho.

A simples aprovação é uma obrigação. O cumprimento de um dever, o assumir a responsabilidade pelo que fez ou deixou de fazer faz parte do cidadão ético. Portanto, os pais devem exigir que seus filhos não sejam reprovados e premiar os esforçados. Os dois irmãos não devem ser tratados da mesma maneira quanto aos estudos. O primeiro tem de melhorar seus resultados e o segundo manter o seu empenho. O que está sendo premiado é o esforço pessoal. Ainda assim, os pais diriam:

– Como posso deixar de dar tudo ao meu filho, ainda que ele não mereça? Afinal, ele é meu filho!

Pois é justamente por isso que esse pai tem de cuidar do filho: não são os outros que vão prepará-lo para a vida. Não se delega a educação à escola ou a outras pessoas por um simples motivo: se houver uma ocorrência – policial, médica, emergencial, na área da Medicina Legal –, os responsáveis acionados serão os pais. As autoridades não acordam de madrugada professores nem diretores para se responsabilizarem pelos jovens fichados. Quem serão chamados são sempre seus pais ou responsáveis.

## COM O MÍNIMO NÃO SE FAZ O MÁXIMO

Se, em casa, a família perdeu a chance de educar, a escola é uma excelente oportunidade, ainda que isso não seja obrigação dela, pois a escola é a única instituição em que quase todas as famílias brasileiras sempre tiveram algum tipo de contato. Pais e mães devem respeitar as regras da escola, e não tentar adaptá-las à falta de competência do filho, seja mudando-o para uma escola menos exigente, seja incentivando a aprovação sistemática, ou mesmo arquitetando em favor da reclassificação do aluno reprovado. Conseguir bons resultados sem que o filho os mereça equivale a falsificar o mundo para ele. Com isso, mais tarde, ao entrar no mercado de trabalho, ele não conseguirá produzir o que se espera. Terão os pais que pedir ao chefe do filho um salário melhor, ou promoção para ele?

Por outro lado, é sabido que a escola prepara mal os seus alunos e muitas vezes peca ao visar à aprovação e não ao aprendizado. Para evitar essa situação, o educador não deve cultivar camaradagem com os seus alunos, pois amizade, ainda que possa gerar indicações de emprego, não gera competência profissional. A função de um professor tem de ser muito clara em classe: promoção do aprendizado. Para a vida, o aprendizado vale mais que a lei da aprovação sistemática. Portanto, quando o aluno não quer estudar, o professor tem de convocar a família dele para auxiliá-lo a estimular o aluno a estudar.

Diferentemente dos jogos de videogame, em que todo o estímulo de feedback visa a fazer com que o jovem não desista de jogar, na escola, diante da primeira dificuldade, o aluno interrompe o aprendizado e abandona o processo de desenvolvimento das suas competências. Em outras palavras: a ausência de meritocracia não oferece estímulo, uma vez que, estudando ou não, o objetivo é fazer o aluno ser aprovado.

Ao manter um professor particular, os pais tampouco estimulam o crescimento dos seus filhos e acabam investindo duas vezes para conseguir um mesmo resultado. Ou seja, aumentam o custo para ter o mesmo benefício. É como comprar outro carro em vez de consertar o que está quebrado.

Nenhum filho quer que os pais o ajudem a superar as fases do videogame. Isso acaba com a sua autoestima, principalmente perante seus colegas. Da mesma maneira, um filho que precisa de professores particulares tem sua autoestima rebaixada, especificamente no que se refere aos seus estudos, mas acostuma-se a ela.

É quase um costume padrão punir os pais pelo baixo rendimento do filho. Em vez de corrigir a falha causada pela falta de estudo, esse padrão faz recorrer à contratação de um professor particular, sem considerar que frequentemente o problema não está na dificuldade de aprender, mas sim na falta de estudo.

Diante dessa situação, é preciso que os pais mudem de fase: passar do amor que ensina para o amor que exige que o filho realize o que aprendeu. Repetir o ensinamento apenas acaba com a vontade de aprender logo na primeira vez que algo é ensinado, porque o filho já se acostumou a contar com uma muleta, isto é, o professor particular.

O estudo hoje deve ser entendido como um preparo para o futuro. No mercado de trabalho, ninguém quer um profissional que aja como o aluno sem mérito: trabalha somente no dia de pagamento – o que é o equivalente a estudar apenas no dia da prova e fazer só o suficiente para estar na média – ou precisa de outro funcionário (particular) para terminar sua tarefa.

Uma empresa tem um rendimento mínimo quando um funcionário trabalha o mínimo suficiente para não ser despedido e o chefe paga o mínimo possível para que ele não se demita. O resultado dessa perspectiva é que, muito provavelmente, essa empresa será canibalizada pela concorrente.

## COMPETÊNCIAS MÚLTIPLAS NA PRÁTICA

COMPETÊNCIA É ISTO: TER PREPARO suficiente para enfrentar e superar o que vier pela frente, além de ter capacidade para dar um *Passo Além* do que já foi conquistado. E, como não sabemos hoje que tipo de trabalho será necessário amanhã, temos de preparar um polivalente, não um jovem megadesenvolvido em uma única área.

É como a metáfora da mão como o conjunto de onde partem os diversos dedos com funções diferenciadas. Por mais desenvolvido que um dos dedos esteja, se os outros estiverem atrofiados, essa mão será menos eficiente que outra com todos os dedos em funcionamento. Por melhor que seja uma das mãos, sozinha ela não produz tanto quanto uma pessoa com duas mãos. Duas mãos fazem juntas o que uma sozinha não faria. Assim também acontece com as pessoas: um indivíduo sozinho não tem o mesmo rendimento de um casal. Uma pessoa com somente uma competência produz menos do que quem tem duas, porque além delas há uma terceira competência que é a integração das duas.

A pessoa que possuir três competências desenvolvidas terá, além dessas individualizadas, as combinações de duas diferentes competências, acrescidas ainda das três simultâneas. A meritocracia prática leva em consideração não somente uma única e declarada competência, mas também as outras que entram para compor um conjunto de competências. Quanto mais competências forem praticadas por uma pessoa numa função, maior será o seu mérito. Não somente as competências, mas os seus alcances também entram na avaliação da meritocracia. Recebe mais méritos uma comida que, além de ser nutritiva, seja gostosa e apresente um belo visual. Assim também uma competência recebe o mérito quando traz benefícios às pessoas à sua volta, à sociedade e ao meio ambiente.

Para reconhecer o mérito de um professor, é necessário medir também a sua competência de ensinar, avaliando a aprendizagem do aluno. Falei, com mais detalhes, no Capítulo 1, sobre como aumentar a participação do aluno em sala de aula. Relembremos:

1 PREPARO MENTAL dos alunos para receber a aula do dia;

2 DESDOBRAMENTO da aula tradicional em aulinhas com mental--break;

3 DEBATE ao final de cada aula;

4 MARKETING da próxima aula;

5 ORIENTAÇÃO aos pais.

A esse propósito, vale lembrar que a avaliação diária – e não no fim do mês – é possível e desejável. O procedimento de aula deve estar sujeito à prática contínua: os professores têm condição de submeter os seus aprendizes a uma avaliação imediatamente depois da aula, numa ação diária.

Exigir e fazer valer as consequências aos filhos que não praticam o que precisam fazer é muito mais difícil do que viver o amor dadivoso, que agrada, provê, protege e perdoa. Tomando como exemplo qualquer modalidade do esporte, observamos que nenhum esportista se torna campeão sem dominar a técnica, sem possuir mérito. No entanto, somente a técnica não faz o campeão. São os treinos infindáveis que melhoram os resultados, pois treinos sem técnica, ou técnica sem treinos não produzem os melhores resultados. Da mesma forma, agir sem aprender, ou aprender e não praticar também não constrói conhecimentos e competências para qualquer atividade na vida.

Sempre há uma primeira vez para começar a treinar, e será importante que esse treino seja acompanhado pelo técnico. Exigir que o aprendiz execute e, se não o fizer, lhe cobrar a consequência é o que o educador (pais ou professores) deve fazer em um primeiro treino. A importância desse treino inicial está muito mais na execução do que na perfeição. A cada treino, o aprendiz obterá melhores resultados e chegará rapidamente a uma prática que se tornará uma constante em suas ações, fazendo parte natural da sua vida.

## SUCESSOS COMO EFÊMERAS BORBOLETAS

UMA PESSOA TEM SUCESSO, MAS ela não é o sucesso, apesar de ela ser um êxito biológico. Confundir sucesso recebido com a própria pessoa é negar a meritocracia. O sucesso é a obra da pessoa e não a própria pessoa. Ela não deixa de existir, mesmo sem o sucesso.

Educar dá trabalho e são os resultados que os aprendizes conseguem que atraem o sucesso. Sucessos são efêmeros, como algumas borboletas que vivem um dia só. Não se corre atrás das borboletas para prendê-las no seu jardim; elas devem ser atraídas pelas flores que o jardineiro cultiva. O sucesso que os pais tanto querem para os seus filhos são consequências, não objetivos. Portanto, o sucesso é o reconhecimento dos bons resultados avaliados por outras pessoas. Quando não houver mais flores, as borboletas migrarão para os outros jardins. Assim, o sucesso é transitório e não se renova automaticamente.

Por mais que admiremos o trabalho da aranha ao tecer sua teia durante anos a fio, nós percebemos que ela só sabe fazer aquilo, daquele jeito, com aquele material. É a sua grande sabedoria instintiva. Ela *Marca Passo* realizando sempre a mesma obra. Não dá um *Passo Além* da sua teia, mas é suficiente para mantê-la viva, portanto tem o mérito para sobreviver.

Os humanos nascem com potencial para aprender muitas competências, inclusive a de tecelão. O homem pode ser melhor tecelão que a aranha porque ele pode usar uma variedade infindável de fios, cores e pontos, além de inventar instrumentos que teçam por ele. A aranha tece porque é da natureza da sua espécie, um robô vivo; ser criativo, espontâneo e ter vontade própria é da natureza humana, mas já há alguns homens que funcionam como robôs.

Nosso cérebro tem um potencial infinito de aprendizado, cujo limite passa a ser ampliado por competências à medida que as desenvolvemos. Quanto maior, melhor e mais variado for o nosso aprendizado, mais atividades poderemos desenvolver, aumentando nossas possibilidades de sucesso. Exemplo: alguém que nunca tenha tocado violino pode, nas suas primeiras tentativas, assustar quem ouve, pois não existem neurônios próprios de violinista.

Se houver persistência, entretanto, uma região do cérebro dessa pessoa passa a se responsabilizar por esse aprendizado e, quanto mais utilizada essa região, mais ela se aperfeiçoa, podendo levar esse indivíduo a ter sucesso como violinista. Isso ocorre não pelo aumento do número de neurônios, mas pela criação entre eles de mais sinapses, a residência da inteligência e das habilidades. Receber sucesso merecido dá muito prazer a quem recebe uma premiação. Esse prazer estimula essa pessoa a conquistar mais sucesso, repetindo os passos que já conhece. Todavia, se o premiado pretender manter o sucesso sem dar o *Passo Além*, isto é, *Marcando Passos*, outros concorrentes surgirão para superá-lo. Desses novos concorrentes, quem der o melhor *Passo Além* é que será o próximo merecedor do sucesso.

## DO IGNORANTE AO VIRTUOSO

SE ESSA PESSOA SE EMPENHAR e praticar dez mil horas de violino, como comprovou Malcolm Gladwell no seu livro *Fora de Série* (*Outliers*), criará inteligência para a tarefa, tornando-se *expert*. Em dez mil horas, ela vai desbravar uma área do cérebro desconhecida, conquistá-la aos poucos e criar *expertise*. Uma vez dominada a técnica, bastará aperfeiçoá-la – muito diferente de tecer dez mil horas a mesma teia de aranha.

Assim, a estrutura biológica e o funcionamento da mente são tão sofisticados que, quanto mais se usam, mais aprimorados eles se tornam. Tanto que o envelhecimento mental nada mais é do que o desuso do que se desenvolveu. A mente é uma energia viva que se expande com o uso ou se retrai com o desuso. Tal como um músculo que se atrofia quando é imobilizado para que se processe uma recuperação de uma fratura óssea.

Quando falamos em sucesso, não nos referimos a uma conquista estanque – um prêmio para o resto da vida. Depois que se domina o que atraiu o sucesso, é preciso ir atrás de novos desafios, aprimorando-se e buscar novas vitórias que revertam em novos sucessos.

Um dos grandes sofrimentos do ser humano é não suportar viver longe do sucesso, uma vez tendo experimentado o seu sabor. Algumas pessoas são frágeis e não desenvolveram a personalidade, mas sim uma certa função. Essa função é resultado de um trabalho; porém, é preciso aperfeiçoar o trabalhador para que tenha outras funções de sucesso. Tais pessoas ganham popularidade instantânea, tornando-se conhecidas, reconhecidas por estranhas, com sua autoestima elevada às alturas pela atenção alheia. Se não tiver ou puder desenvolver novas competências, toda essa movimentação festiva em torno delas se esvai e perdem a notoriedade.

Mas viver no anonimato como viviam antes se torna insuportável. Passam a correr atrás do sucesso e essa é uma premissa errada: entram em depressão, desvalia, baixa autoestima, abuso de drogas e até podem cometer suicídio. Em resumo, o sucesso pode atrapalhar uma pessoa se ela não estiver preparada para tê-lo.

Por outro lado, nem todas as pessoas que merecem têm sucesso. Quando o sucesso gera um legado para a humanidade, contribuindo para o avanço da civilização, a pessoa torna-se célebre e merece ser homenageada, com feitos comemorados mesmo após a sua morte.

Pais que estão preocupados com o sucesso de seus filhos não podem embriagá-los com a falta de mérito para obtê-lo. Quando um jovem sai para desbravar o mundo, ele é apenas mais um. Pode acabar se frustrando se tiver uma autoimagem distorcida.

Portanto, ao educarem seus filhos, os pais não podem simplesmente achar que qualquer ação do filho merece aplausos. Isso é amor gratuito, dadivoso, que existe dentro de casa. Na rotina da vida, não será no emprego e muito menos no âmbito social que o querido e protegido filho irá conseguir atrair o sucesso se não o merecer.

~

# CAPÍTULO
# TRÊS

# MOTIVAÇÃO PARA APRENDER

*Os animais movimentam-se motivados pelo determinismo biológico do instinto sexual e o de sobrevivência. Os humanos não se satisfazem somente com a saciedade dos seus instintos e motivam-se para fazer e pensar algo que transcenda a própria existência no tempo e no espaço para tornar o mundo melhor.*

IÇAMI TIBA

## MOTIVAÇÃO PARA APRENDER TUDO E SEMPRE

O SER HUMANO NASCE COM POTENCIAL para aprender sempre e praticamente tudo. Qualquer bebê que viva com a mãe (ou sua substituta) logo aprende a língua dela. Se ninguém conversar com ele, o bebê emite sons, mas não articula palavras. Uma criancinha que não fala, ou fala muito pouco, revela a existência de problemas que têm de ser diagnosticados e tratados. Quem não desenvolve a fala retarda o seu desenvolvimento mental.

Falar requer esforço. Na maioria das vezes, o problema não é somente da criança, mas também um excesso de solicitude dos adultos à sua volta: ela aprendeu que só precisa apontar o dedo, ou esticar o braço para o que quer, e prontamente será atendida pelos adultos. *Ela não se motiva a falar por não sentir necessidade.* Basta reparar que as crianças aprendem o idioma da mãe e falam--no com tamanha fluência que ele se torna língua materna. Muito mais que o pai, é a mãe quem fala com o bebê e, mais tarde, conversa com a criança. A mulher fala, escuta e faz outras atividades ao mesmo tempo, tal um polvo com seus tentáculos. O homem ou fala ou pensa, uma atividade de cada vez, tal uma cobra que tem um só corpo. A mãe não precisa de motivação para falar. O pai não fala se não tiver um motivo. Não é à toa que a mente feminina produz de seis a oito mil palavras-dia, enquanto a masculina, de duas a quatro mil.[5]

Essa motivação para aprender é natural no ser humano. Todos nós queremos fazer o que a pessoa que gostamos e admiramos faz. Uma das maneiras de se identificar com outro é fazer igual. Portanto, a aprendizagem por imitação é natural no ser humano. A criança quer fazer igual ao super-herói: veste-se como ele e, quanto mais criança for, mais acreditará ser um super-herói só porque está usando a mesma roupa. Se os pais leem revistas, estudam ou bebem, motivam seus filhos a ler, estudar e beber.

Em geral, uns poucos inventam um método e todos os demais acabam imitando e incorporando esse método na própria vida. No entanto, a motivação que mais funciona não é a estimulada pelos outros, mas a que vem de dentro da própria pessoa como um desejo de realização. Qualquer pessoa fica satisfeita quando consegue o que queria. Essa satisfação por si só inspira a motivação para querer mais. Desse modo, até um dever cumprido pode satisfazer sem desgastar.

5 Içami Tiba. *Homem Cobra Mulher Polvo.*

## MOTIVAÇÃO PELA SOBREVIVÊNCIA

GRAÇAS AO POTENCIAL E À capacidade de obter conhecimento, o ser humano tem condições de aprender com a própria experiência. Em países com invernos rigorosos, seus povos aprenderam a se organizar quanto à moradia, vestes e alimentação para sobreviver. A motivação é pela sobrevivência.

Assim, o instinto de sobrevivência é um dos maiores motivadores de todos os seres vivos. Diz-se na África que o antílope "sabe" que, para sobreviver, ele precisa ser mais rápido que o mais rápido dos leões; e o leão precisa ser mais rápido que o mais lento dos antílopes. O antílope não pensa quando vê um leão. Ele "sabe" que tem de correr e simplesmente executa sem pensar para não virar comida do seu predador. Este só tem motivação de correr atrás do antílope quando tem fome.

A motivação que vem de fora pode acabar sendo incorporada por questões de sobrevivência. Quando ela está garantida, há menos preocupação e sobra energia, tempo e disposição para almejar além da sobrevivência. O que os pais e educadores devem entender é que a vida em sociedade está cada vez mais trabalhosa e difícil: para que o indivíduo possa vencer e ser um bom profissional, atualmente, precisa necessariamente se preparar.

No entanto, os pais proveem seus filhos com tantas comodidades que eles não encontram motivos para se mobilizar e se armar para a vida. Assim, se depender da vontade deles, não há motivação pessoal, e fica muito difícil para os pais verem bons resultados nos seus filhos. Uma criança aprende muito bem o que ela gosta – o joguinho de computador, lidar com a internet –, mas não aprende o que lhe ensinam na escola por não encontrar significados para seu aprendizado. Talvez o maior estímulo seja ensinar a identificar os significados diários do que aprende.

A construção do conhecimento pertence a cada um e nenhum pai pode construí-lo para seu filho. Pode dar uma casa, um carro, mas não há como dar felicidade a ele. Neste ponto, os pais erram quando poupam seus filhos e lhes dão tudo pronto, deixando-lhes um usufruto a custo zero, e perdem a oportunidade de educá-los.

Um filho que não tenha motivações para estudar precisa ser despertado para a relação custo-benefício da vida. Essa relação, porém, fica difícil de ser percebida se os pais antecipam para os filhos o usufruto do seu trabalho, de sua riqueza.

Por que os filhos têm tudo isso? Porque os pais estudaram e trabalharam. Filhos satisfeitos sem aprender a relação custo--benefício aprendem que viver seria um benefício herdado e não uma conquista.

Quer tênis, *iPhone, iPad*, viagem à Disney? Então, que estude para merecer. Se não estudar, não tem, pois no futuro não poderá ter quem não estudar hoje. Assim, o filho pode sentir-se motivado a estudar pela vontade/necessidade de ter. É uma troca: estudou, ganha; não estudou, não tem o que gostaria de ter.

É natural o filho promover guerra contra esse procedimento dos pais, achar ridículo tudo isso, tentar fazer uma campanha da boa imagem etc. Mas basta aos pais ficarem firmes e não entrarem no jogo do filho.

Eles não estão obrigando o filho a estudar. Estão convencendo--o de que vale a pena estudar; seu estudo tem que ser por motivação própria e não por imposição dos pais. O conforto, a qualidade de vida, o ganhar bem depende dos estudos de hoje e ponto final. Simples assim.

## VIDA CADA VEZ MAIS COMPLICADA

É PRECISO COMPETÊNCIA PARA VIVER com as exigências e solicitações que a civilização faz. Hoje, para uma pessoa ganhar o suficiente para viver bem – e viver bem significa suprir todas as despesas e ainda sobrar o suficiente para a reserva necessária aos imprevistos e às economias –, tem que desenvolver competências. A motivação para estudar deve ser construída interiormente pela própria criança mediante os significados que ela encontra para estudar. Tais significados devem ser mostrados aos filhos não na hora do conflito, numa *tragic hour*, mas na hora do usufruto, numa *happy hour* de um bem conseguido pelos pais que estudaram e trabalharam.

Uma das maiores queixas que recebo é: "Meu filho é muito inteligente, mas não gosta de estudar". Essa inteligência não vai levá-lo muito longe, pois em breve surgirão novidades e ele precisará estudar para aprender a lidar com elas. Caso não estude, vai ter de viver do que o corpo é capaz de produzir – isto é, um serviço braçal, ambulante, algo que não requer pensar, pois é só execução, e está sendo aos poucos substituído pelos computadores e robôs. Se Mark Zuckerberg não tivesse estudado, ou tivesse nascido pobre num país subdesenvolvido, com certeza não teria criado o *Facebook* nem se tornado o mais jovem bilionário dos Estados Unidos.

Mas o que fazer para que os filhos queiram estudar? É mais fácil prevenir do que remediar. Os pais deveriam aproveitar os sofrimentos humanos e prejuízos materiais que sofrem as pessoas com acidentes e acontecimentos que são noticiados pela mídia e abordar os aspectos preventivos. Má conservação do carro, construção em áreas de risco, incêndios, roubos etc. Lamentar as perdas, mas mostrar os caminhos da prevenção.

Uma pequena ação, um simples estudo que deixa de ser feito hoje pode trazer graves resultados no futuro. Um filho tem de aprender que tudo de que ele usufrui tem um custo. Os pais têm de tomar cuidado para não passarem dos limites e se tornarem chatos e ensurdecedores para os filhos exatamente no que eles precisam aprender.

Filhos pequenos gostam de acompanhar os pais aonde quer que eles vão, sejam bares, livrarias, quitandas, futebol, teatro ou lojas especializadas e, mais tarde, é onde vão querer ir sozinhos, principalmente na adolescência. São programas que estimulam o cérebro a abrir caminho para além da realidade escolar diária.

Conhecimento é transcender o seu mundo para alcançar uma altura que jamais atingiria se não se aplicasse nos estudos. *Quem sabe ensina, e a criança, quando aprende, quer ensinar.* Já quem não sabe tem de aproveitar a oportunidade para aprender. Ao praticar o que aprendeu, a criança logo está ensinando e, ao mesmo tempo, aprendendo algo que não há como ensinar com palavras, mas sim por meio da ação: mesmo quem já sabe tanto como o pai, tem sempre o que aprender.

## PAIS E PAÍS NÃO MERITOCRATAS

UM DOS MAIORES VENENOS QUE corroem a motivação é a não adesão dos pais à meritocracia. Um filho que seja ético, esforçado e tenha bons resultados não pode ser tratado da mesma forma do que outro que não valorize a ética e o empenho, nem alcance resultados positivos. Tratar da mesma forma aquele que merece e aquele que não merece causa dano a ambos. O mesmo ocorre no magistério: a melhor maneira de degradar um bom professor é não reconhecer o seu mérito e lhe pagar salário idêntico ao daquele que nada faz.

Não é boa decisão transferir um filho para a escola pública, seja qual for o argumento usado pelos pais. A maior reclamação destes é que "gastam dinheiro à toa" porque o filho não estuda. Apoiado em minha experiência clínica, posso afirmar que, se um aluno não estuda em escola particular, não será na escola pública que irá se recuperar. Para resolver essa situação, é preciso encontrar a verdadeira motivação do filho para não estudar. Na maioria das vezes é porque, mesmo sem estudar, leva uma vida confortável, como se recebesse um belo salário sem trabalhar.

Para que o mau estudante seja estimulado, é preciso que os pais restrinjam seus benefícios e cobrem dele resultados dos estudos. É um sonho irrealizável pais desejarem que os filhos "adorem estudar" se nunca estudaram. O natural é se recusarem a estudar, o que estabelece um confronto: pela vontade do filho, não há estudo; pelos anseios dos pais, tem de haver estudo. Diante disso, se o filho não consegue encontrar motivação para estudar, então está na hora de fazer valer as consequências resultantes de não se fazer o que deve ser feito. Leia mais a esse respeito no Capítulo 1, nos trechos: **Pais e estudos diários em casa** e **Orientar pais a exigir os estudos dos filhos**.

Só o amor dadivoso e o amor que ensina não educam o suficiente para que ele assuma responsabilidades e assimile o significado da relação custo-benefício. É preciso que os pais passem para a terceira fase, a do amor que exige, e para a quarta fase, que consiste em obrigar o filho a assumir as consequências previamente combinadas. Muitos pais e educadores podem considerar uma atitude severa ou até mesmo cruel exigir e cobrar-lhe resultados.

Um país pode viver uma antimeritocracia quando seu presidente se orgulha de não ter estudos e de ter colocado muitos diplomados no bolso. Pessoas sem estudos podem achar que sobrepujaram os diplomados por não terem estudado e, ao alardearem esse ponto de vista, estabelecem uma relação de causalidade e de simultaneidade. Expressar publicamente esse pensamento é um grave estímulo ao abandono escolar, pois, a cada discurso, muitos jovens se convencem da inutilidade dos estudos. O que os sem-estudo não percebem é que um presidente com tamanha inteligência relacional poderia ter alcançado resultados muito melhores se tivesse estudado.

## TER TUDO OU NADA DESMOTIVA O ESTUDO

UM DOS MAIORES PRAZERES DO professor é acolher um aluno com vontade de aprender. Infelizmente, na realidade brasileira, a maioria dos alunos está mais interessada em diplomas do que na aprendizagem em si. Encontramos pessoas vivendo no Brasil inteiro, em aglomerações que vão de pequenas vilas, bairros periféricos e cidades pequenas – onde o futuro é pouco promissor – a grandes centros metropolitanos, onde são numerosas as oportunidades para todos os tipos de competências profissionais.

Onde quer que essas pessoas estejam localizadas, elas podem ser divididas em três grandes grupos:

1   PARADOS, que *Marcam Passos* no local e que até para aprender são lentos;

2 MOVIMENTADOS, que dão pequenos *Passos Além*, mas que não saem do local e só aprendem o suficiente para melhorar suas vidas;

3 MIGRANTES, que dão grandes *Passos Além*, predispostos a sair do seu local de origem, bairro, cidade ou estado em busca de algo que até então não encontraram, dispostos a aprender o que for necessário para conseguir o que querem.

Os professores são os principais guias para que as pessoas que estão a *Marcar Passos* na ignorância possam dar o *Passo Além* para adentrar em um novo mundo, cujo benefício de aprendizado será muito maior que seus custos. Onde houver professores, sempre haverá alguém dando o *Passo Além*, ultrapassando a barreira da ignorância. A estes, as minhas homenagens e gratidão, em nome de tantas pessoas que por sua dedicação se abriram para o mundo.

Os pais, mesmo que não tenham nada a oferecer a seus filhos, sonham com um futuro melhor para eles. Ao sonhar, querem que eles estudem e somente em condições extremamente severas de sofrimento é que abrem mão de suas aspirações, colocando seus filhos para ajudar no sustento da família. Na verdade, é só quando a falência da autoestima e sua consequente sensação de impotência chegarem ao ponto de estimular mais a resignação do que a superação que os pais chegam a negligenciar o futuro e os estudos dos filhos.

Pais pertencentes à geração asa-e-pescoço esforçaram-se para tornar felizes os seus filhos, dando-lhes peito-e-coxa que, em sentido figurado, como já disse, representa poder, liberdade e satisfação de desejos pessoais desmedidos. O que se percebe, entretanto, é que os filhos que ganharam gratuitamente esses benefícios não sentem motivação para estudar. Assim, nas duas situações antagônicas, crianças e jovens que passam por muitas privações familiares e sentem que **não têm nada mais a perder**, ou que têm tudo o que querem sem ter de arcar com seus custos, ou seja, **não têm nada mais a ganhar**, não sentem motivação para estudar.

## LIDERANÇA MOTIVADORA DO PASSO ALÉM

TRANSCREVO A SEGUIR O QUE o um pai viu quando foi dar boa-noite à filha que estava preparando um trabalho escolar para nota:

> *Ela estava fazendo um trabalho junto com as amigas, conversando e trocando ideias pelo MSN. A TV exibia um documentário sobre o tema do trabalho e ela digitava no celular uma mensagem (SMS) de agradecimento à professora que havia indicado o programa em sua comunidade no Orkut. Enquanto isso, ouvia no iPod a música que seria usada como fundo musical na apresentação de PowerPoint que estava sendo montada para ilustrar o texto sobre o tema, localizado em um blog depois de uma pesquisa no Google. [6]*

Qualquer pai desligaria a TV, desconectaria a internet, lhe tiraria o fone de ouvido e o celular das mãos para que ela pudesse se concentrar no trabalho escolar. Mas o que ela fazia com tudo isso ao mesmo tempo? Resolveu aguardar os resultados. Para a surpresa geral, ela tirou a nota máxima no trabalho!

6 Sidnei Oliveira. *Geração Y: O Nascimento de Uma Nova Versão de Líderes.*

Como foi a aula que a professora ministrou para que essa jovem fizesse o trabalho? Uma aula perfeitamente conectada com a sua aluna, a julgar por essa mesma comunidade no Orkut, a troca de SMS, a indicação do Discovery Channel. Quem fez o trabalho foi a aluna, instigada pela força de liderança da professora: um bom exemplo de motivação para o aprendizado. Por isso, vale a pena dissecar as ações de liderança motivadora dessa professora:

1 NÃO SE POSICIONOU como a única fonte do saber, quando estimulou sua aluna a procurar outras fontes de consulta;

2 SUA AULA transcendeu a sala, usando recursos virtuais, e se estendeu por meio de contatos fora de hora e fora da escola;

3 VALORIZOU O USO de recursos que a própria aluna dispunha em casa, muito além da lousa, do giz e da apresentação presencial;

4 USOU RECURSOS atualizados para a realização do trabalho, sem datilografia, com impressora;

5 EXPOSIÇÃO de alto nível com PowerPoint e fundo musical muito bem aceita pela professora, que não impôs os seus conhecimentos e fontes de consulta.

Infelizmente, tais recursos são raros na maioria das escolas brasileiras, principalmente nas públicas. Ainda que restem poucos professores que são verdadeiros missionários do ensino, com certeza a maioria deles tem sua motivação para ensinar bastante diminuída por encontrar seus alunos desmotivados a aprender.

## MOTIVAÇÃO: MASLOW, PIAGET E OUTROS

"Como os professores podem motivar os alunos a estudar?" é uma pergunta que todos os educadores fazem a si mesmos. Por definição, motivação depende de uma força interior de uma pessoa e não de uma pressão exterior. O que é possível aos professores está em estimular os alunos a estudar. Motivação, tal como amor, não se impõe a ninguém.

Podemos cativar, seduzir e até conquistar, na tentativa de conseguir que um aluno se motive a estudar. Podemos sentir gratidão, interesse, vontade de estar perto, amizade e coleguismo, *mas a verdadeira motivação tem de nascer da própria pessoa.* Cada educador deve descobrir quais estímulos são mais significativos aos seus alunos. Assim como é interessante que os alunos descubram quais as motivações ou estímulos dos seus respectivos pais para lhes sustentarem e insistirem que estudem.

A seguir, correlaciono alguns dos mais importantes estudiosos da motivação humana (Maslow, McGregor, Jean Piaget e outros nas áreas de recursos humanos, psicologia, neurociência e psicodrama) e seus pensamentos fundamentais, que podem ser utilizados pelos professores para diferentes acessos.

Abraham H. Maslow (1908-1970), estudioso e pesquisador sobre motivação humana, teorizou que os indivíduos são motivados a satisfazer uma hierarquia de necessidades humanas e criou a Pirâmide das Necessidades:

*Pirâmide das Necessidades, de Maslow:* **a) necessidades fisiológicas:** *alimento, repouso, abrigo e sexo;* **b) necessidades de segurança:** *segurança e proteção contra: perigo, doença,*

> *incerteza, desemprego e roubo (essas necessidades **a** e **b** são consideradas primárias e as seguintes, secundárias); c) **necessidades sociais:** relacionamento, aceitação, afeição, amizade, compreensão e consideração; d) **necessidades de estima:** ego: orgulho, autorrespeito, progresso, confiança; status: reconhecimento, apreciação, admiração pelos outros; e) **necessidades de autorrealização:** autorrealização, autodesenvolvimento, autossatisfação.* [7] *(grifos meus)*

Maslow nos ensina que a motivação muda de patamar quando a anterior estiver satisfeita. Assim, quem precisa comer põe em risco a segurança. Quem tem autoestima baixa não passa para a fase da autorrealização. Maslow pode nos ajudar a estimular a motivação dos nossos alunos se os despertamos para a fase seguinte àquela em que já estiverem satisfeitos.

Numa sala de alunos com muita fome, se o prêmio for comida, eles competirão com mais garra e motivação do que oferecer proteção ou aceitação. Com alunos socialmente satisfeitos, o prêmio seria algo que alimentaria sua autoestima. Quanto mais evoluem e amadurecem as pessoas, menos se voltam para si mesmas e mais se direcionam ao âmbito socioambiental.

Não é fácil para os professores alcançar a necessidade de cada aluno, de forma que a motivação seja mais facilmente estimulada. Mais simples é distinguir dois tipos de alunos, de acordo com a classificação de McGregor, para os quais preconizava gestões específicas, conforme se pode ver a seguir:

---

7 Disponível em: http://www.knoow.net/cienceconempr/gestao/piramidemaslow.htm. Visitado em jan. 2011.

*Douglas McGregor* [8] *define, pela sua teoria X, que a gestão* **autoritária** *nega a existência de qualquer potencial na força de trabalho e assume que as pessoas são preguiçosas, imaturas e precisam ser controladas para ter resultados.*

*A sua teoria Y,* **gestão participativa,** *desafia as empresas a inovar na gestão dos recursos humanos e preconiza que as pessoas têm uma necessidade psicológica de trabalhar e aspiram a ter realização profissional e responsabilidade. A visão X abrange as ciências físicas e a tecnologia para o benefício material da humanidade, e a Y, as contribuições das ciências humanas e sociais para que as organizações humanas se tornem mais eficientes.* [9]

McGregor (1906-1964), um behaviorista na administração, por isso, com visão mais abrangente, propicia aos professores identificar alunos que pertencem ao grupo X, portanto preguiçosos, imaturos e que precisam ser controlados, e os do grupo Y, que demandam maior participação. Conforme essa visão X e Y, as pessoas (alunos) são tão diferentes entre si que suas motivações precisam receber estímulos também distintos, pois o que é bom para um, talvez não seja para o outro. É o risco que se corre ao dar um mesmo estímulo para um aluno desanimado e outro empreendedor.

É quase natural que cada professor já tenha identificado quais alunos pertencem ao grupo dos desanimados e quais ao dos animados. Mas talvez ainda não ousem adotar procedimentos diferenciados para cada tipo. Parece dar um trabalhão medonho preparar uma

8 Douglas McGregor (1906-1964), psicólogo social, professor do MIT e de Harvard, tornou-se famoso pela sua teoria X (gestão autoritária) e Y (gestão participativa).

9 Disponível em: http://www.historiadaadministracao.com.br/jl/index.php?option=com_content&view=article&id=72:douglas-mcgregor&catid=10:gurus&Itemid=10. Visitado em jan. de 2011.

avaliação única para dois diferentes tipos, mas acredito que valha a pena esse esforço de variar as exigências numa mesma prova, lição de casa ou trabalho de grupo. Um exemplo em provas com respostas discursivas poderia ser uma parte delas dirigida aos esforçados memorizadores e outra parte aos que precisam ser desafiados com questões inusitadas que envolvam a matéria dada. O construtivismo de Jean Piaget[10] identifica os quatro estágios de evolução mental de uma criança. Cada estágio é um período em que o pensamento e o comportamento infantil são caracterizados por uma forma específica de conhecimento e raciocínio. Veja esses estágios a seguir:

*Os quatro estágios de Jean Piaget são: 1. Sensório-motor: vai do nascimento ao 18º. mês de vida, a criança busca adquirir controle motor e aprender sobre os objetos físicos que a rodeiam. Esse estágio se chama sensório-motor, pois o bebê adquire o conhecimento por meio de suas próprias ações, controladas por informações sensoriais imediatas; 2. Pré--operatório: vai do 18º. mês aos 8 anos de vida, a criança busca adquirir a habilidade verbal. Nesse estágio, ela já consegue nomear objetos e raciocinar intuitivamente, mas ainda não consegue coordenar operações fundamentais; 3. Operatório concreto: dos 8 aos 12 anos de vida, a criança começa a lidar com conceitos abstratos, como os números e relacionamentos. Há uma lógica interna consistente e habilidade de solucionar problemas concretos; 4. Operatório formal: entre os 12 e 15 anos de idade – a criança começa a raciocinar*

10 Jean Piaget (1896-1980), psicólogo e filósofo suíço, cujos trabalhos no campo da inteligência infantil servem como referência em Educação. (N.E.)

*lógica e sistematicamente. Tem habilidade de se engajar no raciocínio abstrato. As deduções lógicas podem ser feitas sem o apoio de objetos concretos...* [11]

Piaget teve como seus mestres as próprias crianças eleitas para seus estudos. Ele nos transmite por meio do seu método denominado construtivismo, adotado por muitas escolas em todo o mundo, que o aprendizado passa por uma sucessão de etapas que não podem ser puladas. As motivações têm que ser alimentadas pelos estímulos a cada etapa, como denominadores comuns a cada uma delas, isto é, cada etapa tem um estímulo próprio e a motivação está em todas elas.

Piaget considera que o processo de aprendizagem fundamenta-se, sobretudo, na atividade do indivíduo, mediante a observação, a leitura e a prática. Toda aprendizagem baseia-se em aprendizagens anteriores. É necessário existir um conhecimento básico sobre determinado assunto para a resolução de problemas mais aprofundados. Assim, o aprendiz sente necessidade de resolver problemas, por sua própria curiosidade ou por motivação induzida.

*A Neurociência explica que "o aprendizado depende ao menos de três fatores: repetição (provoca mudanças sinápticas que implementam a nova maneira de agir, pensar e sentir), retorno negativo (se errar, tentar outra vez de maneira diferente) e retorno positivo (se acertar, motivação para fazer igual no futuro)... O cérebro se premia sozinho com sensações agradáveis toda vez que acerta, ativando o sistema de recompensa".* [12]

---

11 Disponível em: http://www.psicopedagogiabrasil.com.br/biografia_jean_piaget.htm. Visitado em jan. 2011.

12 Suzana Herculano-Houzel. *Pílulas de Neurociência para uma vida melhor.*

Temos de repensar nas avaliações com retornos negativos, chamadas orais, provas e exames que alguns vingativos professores fazem, com inquestionável prazer, em nome da educação, para "ferrar" com os seus alunos preguiçosos, desaforados, folgados, metidos etc. Isso mais parece briga, intriga, disputa de poder e outros quadros psicopatológicos do que uma avaliação honesta e verdadeira.

Precisamos também repensar por que resultados fracos podem ter fortes e desastrosos impactos, iniciando um processo de futura exclusão profissional e social do aluno, quando o aluno, em vez de tentar outra vez de maneira diferente, abandona a escola.

O Psicodrama, criado por Jacob Levi Moreno (1889-1974), fala no desenvolvimento de papéis em três etapas: **1.** Role-taking: tomar o papel, que significa receber, copiar ou imitar. **2.** Role-playing: treinar o papel, que é o praticar, treinar. **3.** Role-creating: criar, desenvolver, produzir no papel. Fala também em papéis complementares: professor-aluno, pai-mãe-filho etc.

É dessa forma que um aluno aprende a ser aluno pelo professor que tem e a ser um filho pelos pais que tem. *Aprender não é fazer exatamente igual, mas acrescentar o aprendizado também através da própria prática do papel.* É interessante notar que alguns alunos, quando percebem que o professor não está interessado neles, sentem-se justificados para também não se ligarem ao professor. Professores autoritários são complementados por alunos submissos, mas confrontados pelos que não os aceitam.

Bons sentimentos produzem boas condições de aprendizado no relacionamento entre os filhos e alunos com seus complementares pais e educadores. O clima afetivo e a qualidade do relacionamento imprimem no aprendiz a identificação positiva e uma vontade de fazer igual para se assemelhar a quem ele gosta. Isso mesmo, um fazer com prazer para ser. O sentimento de identificação com alguém de quem gosta é tão grande e prazeroso que o aprendiz adota padrões comportamentais que não aceitaria de outras pessoas, tal como falta de ética, preconceitos, valores distorcidos etc.

Nessas últimas páginas, os professores receberam vários estímulos, como se estivessem num mercado para escolher o produto mais adequado ao seu perfil e aos de seus aprendizes.

## PRAZER PELO CONHECIMENTO É MOTIVADOR

AGORA CONVIDO OS PROFESSORES A viajarem comigo nas tramas biológicas dos neurônios, onde reside a mente, usando de metáforas sobre as pegadas num matagal. Na primeira caminhada, repara-se em todas as direções: para a frente – *para aonde vai*; para baixo – *onde põe os pés*; para os lados e para cima – *não trombar nem ser atingido por nada*; *para trás* – não ser pego de surpresa e verificar a trilha já caminhada.

Quando chega uma informação totalmente inusitada ao cérebro, ela aciona os neurônios que, comunicando-se pelas sinapses com outros neurônios, estabelece um primeiro caminho ou circuito biológico, químico e elétrico para guardá-la na memória.

O caminho aberto pelos passos de um caminhante na sua primeira caminhada, se não for utilizado, pode ser novamente tomado pelo matagal. Quanto mais denso for o matagal, mais rapidamente ele se fecha. Em pouco tempo, somem as pegadas, pois novas plantinhas crescem, velhas folhas caem sobre elas, e o mesmo caminhante terá de desbravá-la outra vez quando quiser passar novamente por lá.

Isso também acontece com o circuito impresso nos neurônios não reutilizados, pois continuamente novos caminhos estão sendo abertos e outros não utilizados sendo desfeitos. Uma informação não acionada acaba sendo esquecida. O conteúdo de uma aula pode ser do conhecimento do professor, mas para o aluno chega como uma informação. É o aluno que transforma essa informação em conhecimento.

Enquanto as pegadas ainda podem ser seguidas, a segunda caminhada pelo mesmo lugar pode ser feita com maior facilidade e rapidez que a primeira. E, assim, o caminhante acaba abrindo uma passagem, depois uma trilha e, quem sabe, uma rua, dependendo da sua utilização. A motivação para estudar deve ser construída pelo próprio aluno, mas os estímulos ao uso da informação recém-adquirida podem e devem ser provocados pelos professores e também pelos pais.

O caminho pode estar sendo repassado cada vez que o aluno tenha de lembrar, explicar e construir algo novo ou explicar o que decorava sem compreender. Somente repassar o circuito pode não ser suficiente para ativá-lo, mas o seu uso prático, seja para o que for, pode transformar a informação em conhecimento.

Informações vindas do professor hoje para serem acionadas outra vez somente 30 dias depois, ou seja, nas vésperas de uma prova, já foram cobertas pelo matagal e os circuitos, desfeitos. A "decoreba" que o aluno cria é inundar o cérebro e afogar os neurônios com informações que então serão perecíveis e descartáveis. Em capítulos a seguir, falo como o professor pode aquecer o aluno para receber o conteúdo do dia, como estimulá-lo a usar várias vezes a mesma informação e como pavimentar, pelo uso, os circuitos do conhecimento.

A maior força do professor é ajudar o aluno a cruzar o matagal e encontrar o tesouro do conhecimento que vai mudar a vida dele. Pois, ao lado desse prazer em poder mudar a própria vida, é o conhecimento que vai motivá-lo a abrir outros matagais.

Informação sozinha fica como uma peça solta na mente, que, se não for transformada em conhecimento, logo é esquecida. Construir conhecimentos é prazeroso e útil – porque o aluno percebe a informação em ação. Uma ação instiga outra, e assim também funciona o conhecimento. Cada conhecimento construído instiga a construção de outros mais. Geralmente, uma pessoa que gosta de ensinar também gosta de aprender. Se quem ensina consegue transmitir o prazer de ensinar, o aluno sente o prazer de aprender. Quanto mais se conhece, mais fácil se torna aprender e construir novos conhecimentos.

~

# CAPÍTULO
# QUATRO

# EDUCADOR DE ALTA PERFORMANCE

## SOMOS TODOS EDUCADORES

TODO SER HUMANO É UM educador em potencial, pois já nasce um aprendiz. Se ninguém lhe ensina nada, aprende com as próprias experiências. A educação é fundamental para a sobrevivência da civilização e da cultura. Não podemos mais imaginar que alguém viva absolutamente isolado da influência dos outros. Onde houve relacionamentos, estará presente a educação. Um indivíduo pode até se isolar para meditar no pico do monte Everest, mas não há como ter vivido até essa altura da vida sem, antes, ter conhecido outras pessoas. Basta lembrar que um dia ele nasceu de alguém. Ninguém tem tempo nem condições de descobrir tudo sozinho neste mundo. O homem não para de ser inundado com novas tecnologias, ideias e costumes. Aprender com quem sabe tornou-se imprescindível. *Em qualquer ocasião, sempre há alguém ensinando e outro aprendendo, direta ou indiretamente.*

O saber atribui um poder que, se usado somente em benefício próprio, torna o indivíduo um tirano que impõe a ignorância ao outro para subjugá-lo às suas necessidades. Esse modelo já está ultrapassado. Qualquer ação ou palavra de um pode influir no comportamento de outras pessoas, querendo ou não. Se um ajuda o outro a tomar posição, a não exigir somente seus direitos, a arcar com suas responsabilidades, isso também é educação. Educador não é somente aquele que se propõe a ensinar. Muitos mestres não pretenderam ensinar, simplesmente exerceram o que sabiam. Uma pessoa, quando se torna modelo para outras, influi também no jeito de vestir e de se comportar, e então ela as está educando.

Quando uma figura pública se declara a favor das drogas, está ajudando a formar um ponto de vista nos seus fãs. Como usar drogas não é construtivo e só traz prejuízos ao usuário, à sua família e à sociedade, essa ajuda não pode ser considerada educativa. Para quem não sabe remar, aquele simples barqueiro é um mestre. Para quem não sabe dirigir, o motorista é um gênio. Todas as pessoas, por mais simples que sejam, quando praticam muito bem o seu ofício, podem estar promovendo a educação.

## LÍDERES E CHEFES NA EDUCAÇÃO

ATÉ HOJE, TEMOS RESQUÍCIOS DA "lei da matilha" através da figura do chefe alfa, que impõe a sua autoridade pela força enquanto for o mais forte. Todos os chefiados querem um dia ser chefe para poder usufruir de todas as regalias que todo chefe merece. Quando um chefe alfa é derrotado pelo seu desafiante, ele é expulso e, em algumas espécies, até seus pequeninos filhos são eliminados. O estilo chefe de educação instiga a vontade de também ser chefe dos seus subalternos.

Entre humanos, há os que precisam de chefes e outros que não os suportam. Estes últimos têm a tendência de ser bastante ativos, criativos, ousados e possuem muita energia, isto é, querem dar o *Passo Além* por iniciativa própria. Chefe ou líder não é somente uma questão de inteligência, mas sim de iniciativa. O professor Luiz Marins, no seu texto *Os soldados de Napoleão*[13], fala sobre a classificação dos soldados:

*Soldados de Napoleão Bonaparte:*

1 INTELIGENTE, COM INICIATIVA: *para comando geral e estrategista;*

2 INTELIGENTE, SEM INICIATIVA: *para receber ordens e cumprir com diligência;*

3 NÃO INTELIGENTE, SEM INICIATIVA: *para bucha de canhão (= boi de piranha);*

4 NÃO INTELIGENTE, COM INICIATIVA: *Napoleão não queria em seus exércitos.*

Chefes querem que seus chefiados cumpram suas ordens, punam os que erram, persigam os ambiciosos e premeiem os que *Marcam Passo*, enquanto os líderes estimulam que seus liderados sejam espontâneos e criativos, encontrem soluções novas, aceitem desafios, enfim, deem o *Passo Além*. Cada um, com seus métodos, chefes e líderes querem que seus subalternos apresentem bons resultados.

---

13 Luiz Marins. *Motivação & Sucesso*/15 anos - 780 Mensagens.

Tenho de considerar que há um bom tempo não ouço a expressão "chefe de família". Geralmente, esse título designava o pai que era grande provedor da família e recebia todas as regalias de um chefe alfa. Além de comer peito e coxa de galinha, tinham paciência curta, voz grossa e mão pesada. Era o macho jurássico que considerava o dever muito mais importante que qualquer prazer. O clássico chefe de família reinava até a Segunda Guerra Mundial. Seus filhos, os *baby boomers*, comeram asa-e-pescoço e deram aos seus filhos X e Y tudo o que estes queriam. Aqueles X e Y acabaram reinando na família como príncipes herdeiros ou adoráveis tiranos. As mães passaram a trabalhar fora, da mesma forma como os pais, e algumas delas conseguiram prover o lar melhor que os próprios maridos.

Os filhos, principalmente os da geração Y, não reconhecem o pai como chefe. Aliás, embora o próprio pai sinta-se provedor, não tem regalias de chefe, pois quem as têm são os Y e os M (de "multiplugados"), ou, mais recentemente, a chamada geração Z. A educação contemporânea pede um pai líder, mesmo porque X e Y não aceitam tão bem os chefes como antigamente.

O líder é um grande modelo meritocrata, e sua empregabilidade teve um crescimento incrível para estas últimas gerações, pois instiga nas pessoas a vontade de vencer e de ser igual a ele. Assim, um líder delega poderes, mas também cobra resultados.

Não se manda nem se implora a um aluno ou filho para fazer sua obrigação. Pela boa educação, ele tem de aprender que a obrigação é dele e, repito, deve fazê-la sem que seja pedido. Enquanto não desenvolve sozinho essa responsabilidade, o filho ou aluno precisa de pais ou professores, chefes educadores.

Filhos e alunos têm de ser donos das próprias carreiras e têm o dever de construí-las, uma vez que ninguém poderá ou conseguirá fazer isso por eles. Ser educador, hoje, é uma responsabilidade da qual não podemos nos furtar. Como a educação é um relacionamento que se compõe das características do educador e do educando, tem de se levar em conta também o estilo de educador de que o educando precisa. O educador versátil é o que pode funcionar como chefe ou líder, conforme a necessidade do educando. Um pai talvez tenha de ser líder para um filho, mas chefe para outro.

## CHEFIA: MAU USO DA LIDERANÇA

OS HUMANOS SÃO SERES GREGÁRIOS e competitivos. Desde que a espécie precisou se acasalar para se reproduzir – isto é, necessitou de um pai e uma mãe para ter e criar filhos – e sobreviver –, ela precisou primeiro viver em grupos. Da necessidade de esses grupos se organizarem emergiram os líderes, vários dos quais, por sua vez, ficaram tão viciados no poder com consequentes privilégios que perpetuaram a liderança, recorrendo, para isso, aos mais variados recursos e transformando-se em chefes.

Acredito que o líder surgiu antes do chefe, pois, onde há dois humanos para fazer algo comum, um deles tem de liderar, mesmo que seja apenas para dar alguma sugestão, e depois ambos realizarem. Se um quiser mandar no outro, já se configura um domínio, e dominado nenhum humano quer ser. Quanto mais os dois participarem da decisão final, maior será o prazer. Quando a ideia vem de um, e com ela o outro concorda, aí surge a liderança. As ideias ou ações geralmente melhoram quando muitos participam da busca pelo melhor.

Uma pessoa pode ter uma ideia. Outra pode dar um *Passo Além* dessa primeira ideia. Tal atitude segue, assim por diante, até atingir o ponto máximo, quando os custos para avançar mais se tornam muito onerosos em relação aos benefícios que podem ocorrer.

Quem lidera uma vez adquire um *Passo Além*, como tenho dito, cujo segredo a cada um pertence. Mas o senso comum é de que o líder alcança um ponto de visão e um leque de possibilidades maior que os outros; ele consegue transmitir o que vê e pensa, e convencer quem o ouve. Assim, um líder que consiga ver mais longe, mais alto, mais amplamente e não consiga convencer ninguém, perde a liderança.

Um bom líder sabe "vender bem" a sua visão. Os liderados também sentem o prazer de pertencer a um bom movimento e confiam "cegamente" no seu líder. Esse é um líder de *Alta Performance*. Ele traz dentro de si a responsabilidade de não usar essa cega confiança em seu próprio benefício e devolvê-la aos liderados, à sociedade e ao planeta.

É também uma tendência humana acreditar no líder, no que ele vê e diz, pois assim os liderados "economizam" os próprios esforços e ainda recebem os benefícios pretendidos. O que enriquece os liderados é o aprendizado pela prática que lhe soa gratuito, mas sem dúvida há o prazer de pertencer ativamente ao time que ganha.

Nosso cérebro desenvolveu-se a partir do mais primitivo, o instintivo reptiliano, para o mais desenvolvido dos seres vivos, o humano racional, ético e civilizado, para buscar a melhor sobrevivência. Um dos principais mecanismos mentais para essa evolução foi decifrada pela Neurociência: o sistema de recompensa.

Quando um ser humano realiza uma ação bem-sucedida, seu cérebro, através do córtex cerebral, produz um neurotransmissor chamado dopamina, que agita o núcleo acumbente. Quanto maior for a carga de dopamina, mais ativo fica o acumbente e mais prazer ele gera.[14] Um humano solitário que passa a pertencer a um grupo sente prazer. Nesse grupo, quanto melhor ele viver, mais dopamina produzirá. Na reprodução, que repete todo o desenvolvimento da humanidade, a cada etapa, gera-se mais prazer na quantidade e na qualidade: é o prazer da perpetuação da espécie. Assim, uma pessoa que se sente solitária sofre, mesmo que esteja em grupo.

Em 1994, morreu Kim Il-Sung, que liderou as guerrilhas para a expulsão dos japoneses da Coreia do Norte e que a governou por 46 anos, desde 1948. Seu filho, Kim Jong-il, assumiu o poder e já escolheu um dos seus filhos, Kim Jong-un, como herdeiro do cargo. Fidel Castro liderou a expulsão dos americanos de Cuba e governou aquele país por 49 anos, de 1959 a 2008, quando passou o poder para seu irmão mais novo, Raul Castro. Em resumo: o poder vicia.

Um chefe de *Alta Performance* é o que consegue ser líder dos subordinados que desejam sair da acomodação de chefiados para dar o *Passo Além*.

## MUITO PRAZER EM IMITÁ-LO!

SE OS AMIGOS E COLEGAS têm e fazem, por que meus filhos não podem ter nem fazer? Se meus colegas e amigos têm, por que também não posso eu? Se é para ter, por que não o melhor? Fazer mais

---

14 Suzana Herculano-Houzel. *Fique de bem com o seu cérebro.*

é fazer melhor? Por que os adolescentes querem primeiro se enturmar e depois se destacar na turma? O que é a moda? É um imitar o outro! Mas por que imitar? Porque é o primeiro estágio da vida em grupo. Quando se imita outro, o humano sente-se identificado e agregado com o original, portanto sente-se bem-sucedido no primeiro passo para a vida em grupo. Por que não inventa? Porque a criação vem depois de realizada a etapa do viver em grupo. O inventor é tanto mais bem-sucedido no grupo quanto mais for imitado, o que lhe garante mais prazer, isto é, mais dopamina.

Por que o humano quer sempre se destacar da multidão? Porque ninguém gosta de passar despercebido. É um *feedback* positivo de validação mútua, de si e dos outros. Isto é, *validamos quem nos valida*. O sucesso é a validação da nossa vitória pessoal. Portanto, é mais difícil inventar que imitar. Quem inventa é o líder. Quem imita, copia e consome são os liderados.

O chefe pode também inventar, mas pela ideologia de chefia, ele manda, impõe que os seus chefiados a adote copiando-o. Humanos detestam ser mandados e podem se insurgir contra ordens, mesmo que estas lhes tragam benefícios.

Nossos jurássicos avós já viviam em grupos nômades atrás de comida e água. Beber água era um risco de vida. Quando o humano se abaixava para encostar a boca no rio ou lago, vinha o predador e o devorava e, assim, acabava sua linhagem de descendentes.

Um dia, alguém no grupo viu uma possibilidade de beber água sem correr tanto risco: enfiou a mão na água e a trouxe à sua boca. Fez da mão um instrumento, uma cuia. Esse alguém deu um *Passo Além* e percebia a aproximação dos predadores que vinham do ar, da terra e da água.

Foi uma ação bem-sucedida e provavelmente também mais prazerosa, por sentir a água descendo pelo seu esôfago a sôfregas goladas para saciar o sedento corpo. Seus agrupados o viram e rapidamente o imitaram. Foi uma ideia-líder que, em razão de sua utilidade, passou a ser adotada pelos outros sem nenhuma imposição. O lucro do viver em grupo é isso: um descobre, cria, inventa algo bom e todos passam a imitá-lo. Os netinhos de hoje são descendentes dos jurássicos inventores e imitadores. Muitos milênios depois, alguém criou uma cuia. Enriqueceu quem vendeu cuias, sem ter de pagar a patente (geralmente quem ganha dinheiro não é o inventor, mas quem negocia o invento). A internet mudou bastante tal conceito. Alguns inventores foram, ao mesmo tempo, os seus próprios negociadores com os consumidores. É o que aconteceu com alguns bilionários, como Mark Zuckerberg, criador do *Facebook,* e Bill Gates, da Microsoft.

## PAIS RÍGIDOS E MUITO EXIGENTES

Em vários países, os pais estão perdendo as referências educativas e encontram-se à mercê dos caprichos dos seus filhos, que, já crescidos, não se mostram tão preparados para a vida como seus pais sempre sonharam, e pelos quais fizeram grande investimento. Mais perdidos ainda estão os pais de crianças e púberes, as quais, além de não os respeitarem, exigem que eles satisfaçam seus menores desejos, "castigando" severamente os seus adultos desobedientes.

Os pais sabem de suas responsabilidades quanto ao futuro dos seus filhos. Quando se sentem incapazes – incluindo aqui um certo conforto –, tendem a delegar a educação dos seus filhos a terceiros:

escola, psicólogos, psiquiatras, assistentes sociais, babás, funcionários, avós e tios dos filhos etc.

## O grito da mãe-tigre

Para mostrar como é grande a insegurança dos pais, ocasionalmente surgem novas ideias educativas, às vezes até estranhas aos costumes das comunidades, as quais provocam um interessante "arrepio" nas teorias educativas. É o que aconteceu em 2010, nos Estados Unidos, quando a sociedade entrou em contato com um livro [15] em que uma mãe, que é de outra cultura (chinesa), educa suas duas filhas, que são norte-americanas, com extremo rigor. Essa mãe imigrante está convicta de suas posições e amparada por sua própria e bem-sucedida carreira: tornou-se professora titular da cátedra da Escola de Direito da Universidade de Yale, é autora de dois livros de grande sucesso e articulista de importantes veículos de comunicação. Casou-se com um norte-americano, com quem teve suas duas filhas.

Pelo que conta em seu livro, que virou um *best-seller*, ela assume sozinha a responsabilidade total da educação, cabendo ao pai somente a concordância com ela. Ela se orgulha muito da sua linha educativa e condena o modo de educar das mães norte-americanas: julga-as extremamente tolerantes e afirma que os pais americanos, em geral, também não são tão exigentes quanto deveriam ser. Chua é extremamente rígida, intolerante, exigente e determina o que as filhas têm de fazer. Para ela, as filhas não

15 Amy Chua. *Grito de Guerra da Mãe-Tigre*. Rio de Janeiro: Intrínseca, 2011.

têm vontade própria e são obrigadas a obedecê-la e fazer o que ela mandar. A mãe exige que as filhas tirem a nota máxima sempre, e não aceita outras notas, assim como não aceita presentes que ela considerar inferior ao que ela, a mãe, merece – chega a devolver presentes porque não ficou satisfeita. Suas filhas têm que fazer sempre o máximo que conseguem, sob o risco de haver homéricas brigas, inclusive com agressões corporais.

Além de exigir excelente desempenho escolar, a mãe conta como também exigiu que as filhas estudassem piano e violino várias horas por dia, também nas férias, e dobrando o horário nos finais de semana. Para atingir a excelência, a mãe contratou os melhores professores para que elas chegassem a tocar no Carnegie Hall, de Nova York. As filhas não podem parar de estudar enquanto não deixarem a mãe satisfeita – mesmo chegando à exaustão. Nada de dormir na casa das amigas, de ver televisão ou brincar com jogos de computador, de escolher suas próprias atividades, de não ser a primeira da classe em todas as matérias.

A postura de Amy Chua, é claro, chocou as mães norte--americanas. Algumas delas desconsideraram a leitura, outras se manifestaram, mas a maioria ficou insegura quanto ao que fazer com seus filhos. Estaria Chua correta? A grande questão é que suas filhas conseguiram ótimo sucesso com o piano e o violino e sempre foram as melhores alunas da escola.

Como, então, inverter a linha educativa para o extremo oposto do que sempre fizeram? Trariam também os excelentes resultados como as filhas dela? E mais: Como ficariam as questões do respeito à individualidade, sonhos e desejos de cada filho, da vida social, conjugal e familiar no futuro dos filhos, quando eles se tornarem independentes?

Vários educadores da sociedade norte-americana começaram a se perguntar: Será que as filhas, quando se tornarem mães, serão tão rígidas quanto sua mãe foi, ou farão o oposto dela? Se fizerem o oposto é porque elas reprovaram o que a mãe lhes fez. Se mantiverem tão alta exigência com os seus filhos, pode não ser aprovação simplesmente: pode ser que simplesmente "engoliram" um modelo que não permite outro tipo de vida.

Ou seja, o livro de Amy Chua criou mais insegurança nos pais.

Fica a impressão de que essa mãe que criou novos debates nos EUA é realmente uma pessoa de um bem-querer muito grande às filhas, mas de uma personalidade muito forte – com um nível de exigência de si e das filhas muito grande. Mas seu nível de exigência estará em boa medida?

Ao Brasil também chegou esse livro, em 2011, e nossa imprensa publicou muitas matérias sobre ele. Eu, particularmente, acho que existe um caminho educativo intermediário, que pratico nas minhas consultas e orientações desde que me formei, e a partir do qual publiquei o meu primeiro livro, em 1985. Desde então, tenho divulgado em vários outros livros, palestras e entrevistas meus princípios em educação – dos quais este livro é a mais recente reflexão.

Adotei uma linha educativa que privilegia a *formação de valores* nos filhos e alunos que lhes sejam importantes para atingirem a *Alta Performance* na vida. Apesar de ser psicoterapeuta de adolescentes, dediquei-me a ajudar os pais a educar quaisquer de seus filhos, para que estes sejam preparados para o Brasil e o mundo que vamos lhes deixar. Percebo – e denuncio sempre – que, no Brasil, houve uma inversão de valores com os filhos pequenos tiranizando os pais, que se sentem culpados por não estarem tanto tempo quanto gostariam com seus filhos; assim, preferem não chamar a atenção deles quando estão juntos.

Minha linha de educação é de que sempre é tempo de preparar os filhos para um futuro que a eles pertence. Quando se deixa de educar, o crescimento se torna silvestre e não atende às necessidades do mercado nem da qualidade de vida que pretendem ter. O deixar passar erros e inadequações, hoje, é financiar a ignorância futura. Meu objetivo é sempre passar aos pais a competência para orquestrar a educação dos filhos, reforçando os acertos, corrigindo os erros, oferecendo os instrumentos necessários para uma boa formação ética, competente, progressiva e feliz. Os maestros podem ser os pais, mas são os músicos que tocam os instrumentos e, juntos, pais e filhos, compõem a sinfonia da vida.

Assim, a educação proposta por Amy Chua, me parece, tem um componente a menos: a participação do pai, que, até onde se sabe, aceita as determinações educacionais impostas por ela. Do meu ponto de vista, há um exagero nas exigências de Amy, principalmente na hierarquização vertical da autoridade de mãe, quando sua vontade "atropela" tudo que há pela frente, inclusive suas próprias filhas, mesmo que alegue ser para o bem delas. A "mãe-tigre" lembra crianças tiranas que impõem suas vontades sem levar em conta o que se passa com os outros. As crianças fazem isso por falta de educação, Amy o faz por convicção.

Não passa despercebido aos leitores que, para poder ressaltar seu estilo educativo, Amy precisa condenar a educação vigente no país em que ela vive, o que evidencia mais ainda o radicalismo das suas ideias.

A educação não se mede somente pelo que acontece no dia, no ano, na fase (infância, adolescência), mas em longo prazo, quando o que foi semeado no crescimento começa a dar frutos. Somente o futuro poderá confirmar, ou negar, a convicção educativa de Amy Chua.

## FILHOS CONSUMISTAS

"MEUS FILHOS SÃO CONSUMISTAS!" – reclamam muitos pais. Mas quem são os responsáveis pelas crianças? Elas não consomem sozinhas, faz parte do ser humano querer tudo o que vê – isso desde criança –, assim como faz parte da vida pedir. Pedir não custa nada. A criança pede o que quiser, porque lhe é natural pedir. O custo é repassado para os pais que assumem o ônus desses pedidos sem educá-la corretamente. Assim é que parece natural à criança ter o que quer.

Portanto, são os pais que ajudam os filhos a educarem o consumismo. Esse é um vício que os pais desenvolveram nos filhos porque a eles se submeteram. Na realidade, os pais têm um outro vício: o de não educar os desejos, separando-os das necessidades. Para um consumista, o desejo é sua necessidade. O estabelecimento dos limites entre desejos e necessidades cabe aos pais. Se os pais respondem: "Agora não!", a criança sabe que este "não" vale para agora. Quem sabe daqui a pouco pode? – Daí, logo em seguida pede outra vez, pois não tem muita noção do tempo.

Tal observação, é claro, vale para qualquer resposta evasiva que os pais dão aos filhos: "Hoje não!"; "Aqui não!"; "Estou sem dinheiro!", "Depois eu compro!" etc. Na lógica das crianças, existirá, no futuro, a possibilidade da compra, basta inventar um bom argumento.

Os pais poderiam explicar uma só vez por que não compram. Repito: esse é o amor que ensina. Diante da insistência da criança, em vez de os pais darem a mesma ou outra explicação, eles deveriam simplesmente negar e comunicar qual é a consequência se o filho pedir outra vez: "Não! E, se pedir outra vez, sairemos daqui" ou "Você sai da loja e nos espera lá fora" – ou qualquer outra alternativa viável no momento.

Pais devem combinar entre si as premissas da educação de não postergar consequências. Não devem apenas utilizar frases vazias, como "Nunca mais você sai conosco!", "Chegando em casa, você vai ver!", "Você vai ficar este final de semana sem ver televisão!" etc.

Por que os filhos acatam a negativa dos pais à compra de uma arma de fogo de verdade para eles brincarem? Porque a resposta está totalmente sedimentada na cabeça dos pais. Porém, *quando os filhos insistem é porque percebem* que existe uma possibilidade de os pais os satisfazerem, de cederem ao que eles querem.

Assim, se os pais satisfizerem os filhos *porque* não suportam insistências, ou *para resolver* rapidinho um conflito estabelecido pela negativa, eles deixam de ser educadores; a consequência: seus filhos têm crescimento limitado e não uma educação ordenada, orquestrada.

Já atendi pais que fizeram sacrifícios no orçamento doméstico para comprar mais um par de tênis de marca para o filho único deixar jogado em casa depois de pouco uso. A responsabilidade dessa compra equivocada é dos pais e não de um filho financeiramente dependente deles. E o grande drama é que o consumista nunca é feliz, pois desvaloriza o que tem para sofrer com o que "ainda não tem".

# O PODER DA EDUCAÇÃO

TEMOS DE SABER QUE, SE formos os primeiros em relação a qualquer transgressão que cometamos ou um bem que praticamos, a seguir virá muita gente, pois assim tem acontecido tanto na evolução quanto no retrocesso da humanidade.

Basta reparar no trânsito congestionado: quantas soluções emergenciais se buscam, desde transgressões e contravenções a comportamentos preventivos. A "terceira faixa", que é proibida, ninguém a usa se não houver primeiro alguém que o faça. Mas, se uma pessoa toma a iniciativa, logo haverá seguidores. O mesmo acontece em relação ao bem. Quando alguém para antes do cruzamento para não provocar o tão estressante e desagradável congestionamento, o carro ao lado também para. Mas nós reprovamos com gestos, carões, buzinaços os dromedários que atravancam o trânsito.

Sendo formadores de opinião, os humanos bem-sucedidos têm de divulgar os seus sucessos bem como os respectivos caminhos para os seus imitadores, isto é, seguidores. Assim, se dá o estímulo que os seguidores também repassam a outros, formando uma onda de benefícios por onde o sucesso passa, distribuindo dopaminas pelo caminho: que o sucesso traga benefícios individuais, mas também para os outros. Nada é mais gratificante do que o retorno que o inventor recebe dos usuários de sua invenção.

Este é meu trigésimo livro. É comum ouvir a pergunta: mas de onde vêm tantas ideias? Você não se cansa de escrever? Onde você arruma tempo? Minhas respostas em geral são simpáticas, alegres e carregadas de dopamina:

*Porque gosto de escrever divulgando o que aprendi pela vida afora a respeito de como as pessoas podem melhorar as suas vidas, das suas famílias, da sociedade em que vivem, e do planeta que habitamos. O prazer de saber que faço tanto bem a um número tão grande de pessoas me tira qualquer cansaço e me alimenta com uma energia invejável, a ponto de eu estar, neste momento, às quatro horas da manhã, a pleno vapor... escrevendo.*

Acredito que a saúde de uma sociedade é a circulação gratuita dos conhecimentos. O preço que se paga é o custo material da sua transmissão. O conhecimento é o oxigênio que vai para todas as células que compõem uma sociedade.

## O SUCESSO DA ALTA PERFORMANCE

HOJE, CONSCIENTES QUE SOMOS DA força da educação – que é inerente ao ser humano –, sabemos também que necessitamos de *Alta Performance*. Qualquer profissional que atingiu a excelência sabe que não pode parar de aprender nunca e tem de se atualizar sempre para não correr o risco de ficar obsoleto. Portanto, todo educador com sucesso deve divulgar o seu êxito e continuar a aprender e aprimorar-se – não sentando no trono do conhecimento já obsoleto. Um campeão olímpico se faz não porque repete os exercícios, mas porque busca sempre, a cada vez que se exercita, o melhor resultado.

O que se dirá de um professor que dá a mesma aula durante vinte anos, usando os mesmos recursos que um dia o destacaram como bom educador? Como é que, em vinte anos, ele não mudou, e o mundo mudou tanto? Ele nem percebe que sua mente já está em coma. Toda a escola que mantém um professor comatoso está estragando outros professores, pois sempre haverá algum a imitar o coma do velho professor. Então, ou se coloca um "soro na veia" para recuperá-lo, ou se providencia a aposentadoria compulsória desse professor. Como em qualquer lugar, na escola, uma peça solta da engrenagem pode danificar o aparelho.

Aprender sempre mantém o cérebro num estado prazeroso, porque, a cada novo aprendizado, mais dopamina se produz. Sim, o saber dá prazer – um prazer que ninguém toma, porque pertence ao aprendiz, e, quanto mais compartilhado, mais aumenta. Acredito que os educadores podem desempenhar a função de professores, tirando desse trabalho meios para o seu sustento, mas eles têm outra tarefa – *a de passar o prazer de viver na Alta Performance*, uma filosofia de vida, aos seus alunos.

A ignorância custa muito mais do que a educação – aquela que ensina algo para o resto da vida, em todos os setores. Nisso, o governo faz muito mal ao promulgar a *aprovação sistemática* de alunos que não aprendem. Diplomam-se alunos sem competência, semianalfabetos, incapazes de entender um relatório e muito menos de escrevê-lo.

Ninguém quer aprender algo com um derrotado. Os jovens não querem trabalhar como o pai ou a mãe, que chegam cansados e não conversam com eles, nem têm dinheiro para a semanada. Quem quer levar uma vida assim?

Mas não se pode exigir um bom exercício de quem não tem os músculos preparados para tanto. Por isso, a aposentadoria do professor comatoso e improdutivo deve ser compulsória. É competência da *Alta Performance* também cortar o mal para estimular o bem.

## PROFESSOR DO SÉCULO XXI

Um Professor, hoje, não pode mais ficar simplesmente reproduzindo o que aprendeu na sua formação e certificação.

É como um médico-cirurgião que não poderia nem deveria operar ninguém se tivesse um conjunto de inabilidades, tais como: a) falta de conhecimento (não conhece as técnicas cirúrgicas mais adequadas e atualizadas, a patologia a ser operada etc.); b) falta de comprometimento (não se incomodar com a vida do paciente, largar todo o material cirúrgico na barriga do paciente, tirar as luvas e avental e jogar sobre a mesa cirúrgica e sair correndo porque está na hora da sua saída); c) falta de responsabilidade (de ter consciência da cirurgia que faz); d) falta de disciplina (terminar o que começou); e) falta de ética (respeitar tanto o paciente quanto a si mesmo) etc.

Assim, também de um professor esperam-se competências específicas para que seus alunos sejam bem-sucedidos no aprendizado. "Conheça seis profissionais que já incorporaram as qualidades do novo educador à rotina e comprovaram que se aperfeiçoar faz toda a diferença na aprendizagem da turma" é uma grande frase de Anderson Moço e Ana Rita Martins (pertencentes à Equipe Editorial da revista *Nova Escola*), num excelente trabalho, cujo título é *"Seis características do professor do século 21"* [16].

Esse é um trabalho de que todos os professores deveriam tomar conhecimento, pois, em cada característica, os autores apresentam um depoimento pessoal de um professor entrevistado e um quadro de orientação especializada. De cada característica, apresento um resumo:

16 Disponível em: http://revistaescola.com.br/formacao/formacao-continuada/seis-caracteristicas--professor-seculo-21-602329.shtml. Visitado em abr. 2011.

## *1. Ter boa formação:*
*O mestrado é o caminho natural*

(**Extraído do** depoimento de **Mariléa Giacomini Arruda**, professora de Língua Portuguesa):
*Não parou de estudar; começou a ler textos por conta própria: discutia o que lia com a equipe; sentiu que precisava voltar à universidade; fez a PUC-SP; aprendeu que, mais que saber de cor o que é um advérbio ou adjetivo, o importante é os alunos compreenderem a função destes elementos na construção do sentido do texto; a integração entre o mestrado e a experiência eliminam barreiras entre a teoria e a prática* etc. Segue-lhe o quadro **Diploma para todos**, contendo seis dicas de como consegui-los, sendo uma delas: em 2006, é instituído o Sistema Universidade Aberta ao Brasil (UAB), com cursos a distância para levar a graduação aos professores dos rincões do país.

## *2. Usar novas tecnologias:*
*Um recurso a favor dos conteúdos*

(**Extraído do** depoimento de **Flaviana Meneguelli**, professora de Matemática):
*Conteúdos ensinados com auxílio da tecnologia; como usar um editor de texto, planilha para tratar de informações e porcentagens, gráficos; uso de blogs e fotologs; usar*

*a cultura digital dos alunos* etc. Segue-lhe o quadro: ***Mais computadores nas escolas***: *A orientação atual é usar essa ferramenta como meio, e não como fim em si mesma e mais* outras dicas informativas, sendo uma delas: em 2009, pesquisa da Fundação Victor Civita (FVC) mostra que 73% das escolas estaduais têm laboratório de informática, e 83%, banda larga.

### 3. Atualizar-se em novas técnicas:
*Um jeito de ensinar cada disciplina*

(**Extraído do** depoimento da professora ***Sandra de Amorim Silva Cavalcanti***): *"Fiz preparo em todas as áreas para o Ensino Fundamental; graduei-me em extensão universitária sobre práticas de leituras; aprimorei a escrita para alfabetização; pesquisei como as crianças aprendem e quais atividades facilitam a aprendizagem; fiz pós-graduação para ensinar alunos com deficiência; as notas da minha sala são muito maiores do que as médias nacional, estadual e municipal na Prova Brasil".*

Segue-lhe o quadro **Diretrizes curriculares mais precisas**: *Cada vez mais o ensino se baseia nos estudos sobre como as crianças aprendem* e quatro dicas específicas, sendo uma delas: em 2008, a rede municipal de São Paulo lança orientações curriculares baseadas nas últimas pesquisas didáticas e é seguida por outras redes.

## 4. Trabalhar bem em equipe.
### Na troca de ideias, todos ganham

(**Extraído do** depoimento de **Patrícia Lemes Mullin**, professora de pré-escola):
*"Conversando com os demais professores e com a orientadora pedagógica, é possível descobrir formas mais eficazes de ensinar; compartilho informações; planejamos e analisamos o que funcionou e propomos melhorar; avaliação individual e no que precisa melhorar; pais são grandes aliados; periódicas reuniões de pais; orientamos como ajudar em casa".*

Segue-lhe o quadro **O fim do planejamento solitário**: *A troca de experiências com colegas e coordenadores é cada vez mais incentivada para aprimorar a prática* e seis dicas específicas a esse tema, sendo uma delas: em 2010, diversas redes, como a estadual de São Paulo, a maior do país, reservam um terço da carga horária dos professores para a formação em serviço.

## 5. Planejar e avaliar sempre.
### Observar para reorientar o trabalho

(**Extraído do** depoimento de **Greicy Silva**, professora de Matemática):
*"Com licenciatura em Matemática, aprendi a checar o que de verdade os alunos aprenderam; retomo o que não foi aprendido; proponho situações diversas antes de entrar na teoria;*

*defino estratégias e fórmulas e sistematizo o que vimos na prática; não deixo acumular dúvidas e logo intervenho".* Segue-lhe o quadro **Currículo e avaliação ganham destaque**: *Saber o que ensinar e checar a aprendizagem da turma constantemente são a base do trabalho docente,* e mais seis dicas sobre o tema, sendo uma delas: em 2008, a rede municipal de São Paulo é a primeira a publicar orientações curriculares com expectativas de aprendizagem para cada disciplina.

## 6. Ter atitudes e posturas profissionais.

*Todos os alunos podem aprender*

(**Extraído do** depoimento de **Leandro Pereira Matos**, professor de História):

*"Investiguei melhor o porquê da indisciplina; ao não se sentirem ouvidos, os jovens perdiam o interesse pelas aulas. Era necessário valorizar o que eles sabiam e, sobretudo, respeitar seu cotidiano; a aprendizagem do conteúdo começou a fazer sentido; sala de aula também tem normas de convivência; sala de aula reflete Educação como um todo; envolver os pais nesse processo ajuda; em vez de impor, discutir, devemos sempre esperar o melhor de cada um".* Segue o quadro: *Investir no estudante e discutir políticas públicas também é papel de quem leciona,* e mais quatro dicas específicas, sendo uma delas: em 2005, o Índice de Desenvolvimento da Educação Básica (Ideb) permite ao professor acompanhar o desempenho de sua escola e da rede em que leciona.

## EDUCADOR DO FUTURO

QUANDO É O FUTURO? É o amanhã para quem vive hoje. Mas é o hoje para quem vive olhando para trás, para o desatualizado, para o obsoleto, antiquado. Educação é o preparo do homem para o próximo passo, para o amanhã, para a sua futura carreira pessoal, profissional e social. Portanto, o educador do futuro é o de HOJE. Quem é esse educador? É toda pessoa que se dispõe a ajudar a formação e o desenvolvimento físico, intelectual e ético de um ser humano. Essa ajuda pode ser direta, através de uma ação dirigida para um educando – como faz o professor em sala de aula ou os pais em casa com os seus filhos. Pode ser indireta, quando o educador divulga as suas ideias, seja qual for o veículo de comunicação utilizado.

*Todo professor é um educador, mas nem todo educador é professor.* Não conheço um curso específico para educador, enquanto que, para professor, existem inúmeros. As funções do educador transcendem e ultrapassam as do professor.

Numa conversa com o educador e senador Cristovam Buarque, ele me perguntou a que dedico a minha vida. Falei que deixei a minha carreira universitária de 22 anos para me dedicar à Educação e convenci a mim mesmo sobre essa mudança com tal frase: "*Em vez de uma lâmpada a mais numa biblioteca de doutores, eu preferia levar uma vela acesa na escuridão da educação na família*". Ele imediatamente me identificou como "educacionista".

Gostei de ser "educacionista" e, naquela hora, Cristovam também passou a ser, para mim, um grande educacionista.

O Movimento Educacionista é respeitável: reúne homens e mulheres, de todas as idades e opções partidárias, formando uma ação da cidadania brasileira em luta para que o Brasil se transforme em uma sociedade desenvolvida, justa, que respeita os direitos humanos e concede oportunidades iguais para todos. [17]

Como qualquer cidadão brasileiro, percebo que um dos nossos maiores pontos fracos está na Educação Básica, a fornecida pelos pais e educadores escolares, na formação das crianças e jovens, o que compromete o Brasil em todas as áreas. Quem são os responsáveis por essa perda que nos custa tão caro? Os pais? Os professores? Os políticos? Os patrões? Os empregados? Os traficantes? A mídia? É difícil localizar um culpado. *Somos todos responsáveis.*

Como psicoterapeuta e psicodramatista de adolescentes e suas respectivas famílias, percebi que um dos grandes responsáveis é a equivocada filosofia de vida do brasileiro comum, que já começa em casa com:

1 FAZER O MÍNIMO para conseguir o suficiente;

2 ESTÁ RUIM, mas está bom assim;

3 EMBAIXO de uma pessoa folgada tem sempre outra, sufocada;

4 SE ALGO é público, não é de ninguém;

5 SE ESTIVER bom para mim, o resto que se dane;

6 EGOÍSMO acima de tudo e de todos;

17 Disponível em: http://educacionista.org.br/. Visitado em fev. 2011.

7   RUINS são os outros;

8   TRATAR MAIS que prevenir;

9   MAIS REMEDIAR do que curar;

10  PREDAÇÃO maior que sustentabilidade etc.

Como você vê, selecionei acima alguns pensamentos e comportamentos de pessoas que atingem a todos; temos, porém, muitas qualidades também, que fazem do Brasil um dos melhores países do mundo para se viver.

Como médico e psiquiatra, fiz o diagnóstico dessa parte problemática como uma falha educacional no Brasil, e fiz a mim mesmo uma proposta terapêutica, começando por eleger a educação como o meu principal foco em todas as minhas atividades. Minha orientação terapêutica para os brasileiros é que *preparemos as gerações atuais e vindouras para um Brasil que estamos para lhes deixar*. A educação aprende com o passado, pratica o presente e presentifica o futuro.

Como professor e educacionista, pratico e divulgo minhas ideias em todas as oportunidades que tenho: nas entrevistas a veículos de comunicação de massa como jornais, revistas, televisão, rádio e internet; nos artigos, palestras, workshops, livros etc. Larguei os sofisticados idiomas dos doutores para usar a linguagem coloquial, para ser compreendido por todos, letrados ou não. A minha meta para os brasileiros é que cada um seja sempre de *Alta Performance*, no que fizer e pensar, para que o Brasil seja também um país de *Alta Performance*.

# CAPÍTULO
# CINCO

# ALTA PERFORMANCE: O PASSO ALÉM

## FAZER O MELHOR POSSÍVEL

Alta Performance é fazer e pensar o melhor possível. A palavra *performance*, que defini e desenvolvi já em outra obra anterior (*Família de Alta Performance*), tem como tradução para a língua portuguesa a palavra *desempenho*, de que eu não gosto porque começa com *des*. Há palavras que começam com *des*, as quais negam seu sentido positivo, como **des**ânimo, **des**graça, **des**mamar, **des**uso, **des**emprego etc.

Performance não é apenas uma ação em si, mas também o benefício social decorrente. *Alta Performance* é, além de a pessoa fazer o bem muito benfeito, beneficiar os outros, a sociedade e o planeta.

Parece fácil conseguir pensar e fazer o melhor possível: pessoas esforçadas acreditam, em geral, que estão dando o melhor de si – e com isso acham que se encaixam no modelo. O conceito "o melhor possível", no entanto, não é o que elas conhecem, mas o que, de fato, pode ser feito como o melhor possível.

Às vezes, "o melhor possível" de uma pessoa é ultrapassado por nova tecnologia, técnica ou expertise do mercado. Exemplo:

o telefone celular. Alguém que não tenha o seu tem de parar tudo em que estiver envolvido para buscar um telefone fixo e fazer uma ligação. Mas, quem tiver o seu aparelho móvel, onde quer que haja sinal, pode estabelecer comunicação na hora. Poupou tempo e esforço, locomoção e energia.

Numa linha do tempo, antes do celular, o telefone fixo já era um grande invento: quem não o conhecia achava que o telegrama era o recurso de vanguarda; e, enquanto não havia telegrama, o "melhor possível" era uma carta. No ano 490 a.c., o soldado Pheidippides partiu de Maratona, na Grécia, para Atenas levando a notícia que os gregos venceram os persas. Correu 40 mil metros, entregou a mensagem, caiu e morreu de exaustão. Hoje, num clicar do mouse, sua mensagem seria passada em segundos para o todo o planeta.

Uma pessoa que não esteja afeita à excelência que se produz na área dela não está focada no "melhor possível": ela precisa pesquisar, atualizar-se, capacitar-se para os recursos já existentes em seu presente. Essa observação serve para lembramos que há pessoas totalmente *autocentradas* – que acreditam que, se algo for o melhor para elas, então é bom para o mundo. Agem e pensam como se fossem o centro do Universo. Ocorre, todavia, que "o melhor possível" não reside no indivíduo, *mas no relacionamento que ele estabelece com os outros e com o seu meio ambiente.*

Existe uma vaidade narcísea inerente ao ser humano, que consiste em achar bom e melhor tudo o que um faz em comparação com o que os outros fazem. Essa tendência tem de ser comparada com a realidade coletiva – porque de fato esse sujeito pode ser bom, mas, geralmente, só para ele mesmo.

## PENSAR O MELHOR POSSÍVEL

O ATO DE PENSAR "o melhor possível" deve estar voltado também para o bem do próximo, da sociedade, do planeta, de uma próxima geração, do vizinho ou de outro cidadão qualquer. Uma das maneiras de avaliar a qualidade do pensamento está na possibilidade de *falar abertamente o que foi pensado seja para quem for.* Se um pensamento não pode ser expresso, não se deve pensar nele. Quanto mais o pensador se ocupa com esse pensamento negativo, mais se acostuma com ele – que acaba escapando ou sendo contado para alguém, e certamente trará desagradáveis desgastes e prejuízos. No campo das ideias, sabemos que ninguém domina o livre pensar: os pensamentos brotam sozinhos. Eles têm de passar por um seletor que barra os negativos, inconvenientes, inadequados – enfim, os pensamentos que não sejam de *Alta Performance.*

Há pessoas que não sabem ouvir. Quando ouvem um ponto positivo sobre alguém, em lugar de parabenizar essa pessoa, têm sempre uma menção negativa a apontar e não raro lembram-se de alguém que fez algo melhor. Ouça este diálogo:

– Você viu fulano? Está ganhando bem, agora! – comenta um falante.

– Sim, mas ainda deve dinheiro para beltrano! (Ou: Sicrano foi promovido!) – contesta o mau ouvinte.

Ninguém gosta de conviver com gente desse tipo. Pode ser até gente boa, mas seu seletor de pensamentos é malévolo. Em vez de ouvir o positivo da mensagem, procura brechas para dizer que o bom não é tão bom assim. *Há o amargo da bílis na sua fala.* A intenção não explícita de alguém falar mal de outra pessoa é crer e transmitir que ela é melhor que a outra. Quanto pior ela falar dos outros, desmerecendo o bom, tanto melhor ela se sente, querendo mostrar-se boa. Por outro lado, pensar "o melhor possível" consiste não só em pensar direito, mas também em reagir positivamente diante das informações recebidas.

## COMPROMETIMENTO E CONFIABILIDADE

UMA DAS CARACTERÍSTICAS QUE INFLUIU bastante na minha vida foi o fato de ter atendido pacientes no Hospital das Clínicas da Faculdade de Medicina da USP. Admirava muito meus professores, preceptores e monitores, porque recebiam pessoas que já tinham passado por outros tratamentos e aquela, então, seria sua última chance.

Estavam os meus mestres numa posição de muita responsabilidade, pois, se não resolvessem o problema do paciente, não haveria nova solução. Portanto, aqueles médicos tinham, de certa maneira, "obrigação" de resolver as questões que enfrentavam. Não tinham a mentalidade de "Isso não aprendi na faculdade, então vou encaminhar para...". Ao contrário, eles se comprometiam: "Tenho que dar o melhor de mim para ajudar este paciente". Percebemos com clareza: eles já eram de *Alta Performance*.

Não se consegue viver se não houver alguém que mereça nossa confiança, para que possamos dormir, comer, beber, consultar, perguntar, depender, aprender em paz. Não há nada que se possa fazer se não confiarmos nos familiares, colegas, amigos, vizinhos, pessoas à nossa volta, pessoas e profissionais que nos atendem em hospitais, viagens, seja onde e quando for.

Confiança é o mais primitivo e básico dos sentimentos que precisa existir entre duas ou mais pessoas. Não haveria vida grupal se não houvesse confiança nos seus vigias do sono, aqueles que ficavam acordados para alarmar todos os que estavam entregues ao sono profundo, caso houvesse alguma necessidade.

O que devemos fazer com os que confiam em nós? Temos que nos empenhar para corresponder à tamanha confiança. Esta é uma responsabilidade que temos que assumir e que frequentemente nos obriga a dar o *Passo Além* do que nós faríamos por nós mesmos. Quem *Marca Passos* não está tão comprometido quanto poderia.

Um grupo de pessoas, seja ele qual for, só será de *Alta Performance* se todos estiverem comprometidos entre si para o bem comum. Muitos avanços na medicina aconteceram por causa do comprometimento dos médicos com os seus pacientes. Eles não poderiam ficar a *Marcar Passos*, sob o risco de pacientes morrerem. Eles deram o *Passo Além* e salvaram muitas vidas além dos seus próprios pacientes.

## PRINCÍPIO DO PASSO ALÉM

A ALTA PERFORMANCE DOS PAIS será avaliada não só durante o crescimento do filho, mas também por sua atuação em resultados como pessoa, profissional e cidadão. Um esportista de *Alta Performance* credita os seus excelentes resultados também ao empenho de seus pais, técnicos e auxiliares.

Fazer "o melhor possível" é superar o que já foi feito e dar um *Passo Além*, como se a pessoa buscasse sempre a conquista de uma nova fase no jogo da vida, que não se encerra nunca. Este *Passo*

*Além* pode se referir à superação de um obstáculo, descobrir ou criar um novo caminho ou instrumento, atualizar seus conhecimentos ou até aprender algo que não sabia. Mantendo o Princípio do *Passo Além*, a pessoa, partindo do *role-taking* e passando pelo *role-playing*, atinge o nível de maturidade do papel (função, atividade, profissão) que o Psicodrama chama de *role-creating*, sendo a espontaneidade sua maior e melhor qualidade.

Com espontaneidade e criatividade, qualquer pessoa competente pode achar soluções para velhos problemas, questionar as antigas soluções e criar novas respostas. A cada vitória, a cada *Passo Além* com sucesso, o córtex cerebral produz dopamina, que inunda o núcleo acumbente responsável por gerar prazer corporal. Esta vitória é pessoal e ninguém pode lhe roubar essa sensação.

O sucesso é o reconhecimento alheio sobre essa vitória. Quando a manifestação desse reconhecimento chega direta ou indiretamente ao vitorioso, ele fabrica mais dopamina, aumentando o seu prazer. Vitorioso na vida é quem sempre dá um *Passo Além* do outro já dado. Assim foi, é e será o imenso, senão infindável, caminho da humanidade. Este *Passo Além* não deixa de ser uma competição consigo mesmo, num autodesafio que se retroalimenta.

Acredito piamente na Teoria da Evolução das Espécies:

A necessidade de respirar na atmosfera teria feito aparecer pulmões nos peixes que começaram a passar pequenos períodos fora d'água, o que teria permitido a seus descendentes viver em terra mais tempo, fortalecendo os pulmões pelo exercício; as brânquias, cada vez menos utilizadas pelos peixes pulmonados, terminaram por desaparecer.[18]

---

18 Disponível em: http://www.renascebrasil.com.br/f_criador2.htm. Visitado em fev. 2011.

O *Passo Além* faz parte da *Alta Performance*, que deve ser incorporada, assimilada e praticada em todas as situações e momentos, até que ela se torne um hábito tão tranquilo quanto falar a língua-mãe. Faz parte da *Alta Performance* a sabedoria de ser humilde para aprender sempre – e não se contentar com um dos seus aspectos hiperdesenvolvidos somente, para deixar na obscuridade os outros aspectos. É muito conhecida a arrogância do vencedor, que faz mau uso da boa performance; por exemplo, um jogador de futebol marca um gol e quer comemorar sozinho, como se fosse o melhor jogador do mundo.

## PRINCÍPIO DO MARCAR PASSO

Se a humanidade é generosa para quem dá o *Passo Além*, ela é muito severa, cruel até para quem *Marcar Passo*.

*Marcar Passo* é uma ordem para marchar *no mesmo lugar*, segundo um interessante Manual de Campanha de Ordem Unida do Exército Brasileiro.[19]

Tomo emprestado do exército este termo, *Marcar Passo*, ampliando seu significado para uma pessoa que está "plantada", como um vegetal, isto é, está viva, mas não sai do lugar.

Criei este princípio do *Marcar Passo* para identificar muitas pessoas que não dão o *Passo Além*. Elas estão vivas, movimentam-se fisicamente, mas não saem do seu lugar. Como a humanidade evolui sem parar, quem *Marca Passo* fica para trás.

---

19 Disponível em: http://www.scribd.com/doc/6572065/Ordem-Unida-Exercito-Brasileiro. Visitado em fev. 2011.

O nosso cérebro não abre mão facilmente das conquistas feitas pelo *Passo Além*. Uma pessoa que sinta o prazer da conquista quer manter o conquistado. Essa manutenção consome energia psíquica, porém isso não lhe dá mais o mesmo prazer da conquista. Começa a sentir falta daquele prazer, e a monotonia invade sua vida. *Marcou Passo*. Está mais que na hora de dar outro *Passo Além*. O que foi conquistado dá poder extático a quem o conquistou. Ao recordar e comemorar a conquista, desperta-se o prazer adormecido, mas que não é o mesmo obtido com o *Passo Além*.

Os jovens sonham com o futuro, os adultos consomem-se no presente, e os idosos alegram-se em comemorar as suas vitórias passadas. Quem olha para a frente tem um objetivo a atingir, estimulando a viver pelo *Passo Além* que tem a dar. Quem olha para trás, revive o caminho percorrido, então *Marca Passo*. A fonte da juventude está em olhar para a frente, não importa qual caminho já tenha percorrido. O envelhecimento começa quando se inicia o *Marcar Passo*.

Vive-se eternamente esta ambivalência entre o *Passo Além* e o *Marcar Passo*, entre o prazer da conquista com o consequente desprendimento do que ficou para trás e o prazer de manter o conquistado com a resignação de abrir mão do futuro. Pais que fazem pelo filho o que ele é capaz de fazer não o estimulam à ação do *Passo Além*. Leis que aprovam alunos somente pela frequência às aulas, sem medir seu aprendizado, estão prejudicando o país por certificarem a incompetência pela falta de conhecimentos.

Os melhores *Passos Além* são dados pelos mais esforçados e competentes. Os piores *Marcar Passos* estão naqueles que não têm estudos, porque estão prisioneiros da ignorância, da simploriedade e do conformismo.

Não se pode confundir a instabilidade de humor, a impulsividade, o destemor ou ausência de medo, o imediatismo, a irresponsabilidade, a inconsequência, a falta de ética com o *Passo Além*. *Marcar Passo* pode ser confundido com a depressão, a obsessão, o imobilismo, o oposicionismo gratuito, o acúmulo desnecessário, a teimosia desarrazoada, a repetição compulsiva de ações e pensamentos improdutivos, que são traços de necessidade de ajuda psicológica.

Um pouco do *Marcar Passo* ajuda no *Passo Além* e vice-versa, assim como o remédio pode conter uma dose diferente do veneno que se quer combater.

A *Alta Performance* está na sabedoria para distinguir quando, onde e por que estimular o *Passo Além* ou conservar o *Marcar Passo*.

## TRABALHAR PARA FOLGAR E VIVER MAIS

Todo ser humano gostaria de viver folgado, mesmo que para isso tivesse de trabalhar bastante. Outros tentam ser folgados à custa de pessoas que se dispõem a se sufocar por eles. A equação dos relacionamentos humanos é como tenho dito em várias ocasiões: embaixo de um folgado tem sempre um sufocado.

Nosso cérebro procura poupar energias, não se desgastando com novidades que representem riscos, ou seja, quer fazer tudo sempre igual e, se possível, no automático. Nem sairíamos do lugar só de pensar em todos os músculos que devem ser acionados para andar, além de ter de perceber obstáculos fixos e móveis que nos espreitam a cada passo. Automatizamos o andar para o nosso cérebro se ocupar com outras atividades mais prazerosas e produtivas como ver, escutar, cheirar, sentir, namorar etc.

Faço regulares caminhadas em esteira elétrica para preservar minha saúde física. Mas não suportaria caminhar com a mente ocupada em acompanhar os números dos painéis de velocidade, passos, calorias, tempo etc. Seria tão monótono que eu desistiria rapidinho. Essa monotonia seria um aviso do meu cérebro dando conta de que ele está quase parando e meu corpo está sendo subutilizado. Tenho de gastar essa energia demasiada para algo mais prazeroso. E nada me é mais prazeroso do que fazer algo de que gosto.

Assim, acrescentei meus programas preferidos de televisão, se possível em inglês, sem dublagem, mas com legendas para socorros extras. Comecei a perceber que meu corpo pedia que exercitasse também outros músculos, como os dos braços e pescoço. Lembrei--me de Nobuo, meu querido e falecido irmão mais velho: quando moço, fazia uma ginástica que dizia ser da Força Aérea Canadense: contrair músculos flexores do braço como se tivesse levantando pesos e descontrair para voltar à posição inicial. Dessa forma, fortaleci, firmei e defini meus bíceps, tríceps e músculos do antebraço ao mesmo tempo.

Hoje, não vejo a hora de usufruir da caminhada, que me é muito prazerosa; nem sinto o tempo passar, a distância que percorri, as calorias que gastei. Por quê? Porque a caminhada passou a ser um momento de trabalho muscular para o meu corpo, de nutrição da minha mente pelos conhecimentos, que são temperados com muita dopamina e endorfina.

Desde que comecei a trabalhar com os princípios do *Passo Além* e do *Marcar Passo*, após atividades significativas, procuro repassá-las mentalmente, reparando se simplesmente *Marquei Passo* ou se fui além. Após uma palestra, uma consulta, a escrita de um trecho de um livro, reflito se fiz o melhor possível. Se sinto que o fiz, isso significa que recorri à minha *Alta Performance*.

Por outro lado, o automatismo mental é um hábito que, se não for renovado, forma uma crosta que protege e impede a espontaneidade e a criatividade, tão próprias das pessoas felizes. Para se perpetuar, a vida necessita do estímulo dinâmico do aprendizado – tanto que o envelhecimento não é obrigatoriamente acompanhado pela perda da memória. Há doenças que patologicamente resultam em perda da memória. Porém, o mecanismo universal de perda de memória é a *falta de exercícios e de novos estímulos*. Esse estímulo é a fabricação biológica de novas sinapses entre os neurônios. Hoje existe o que chamamos de exercício cerebral, ou ginástica mental, que as pessoas de média idade ou senescentes podem praticar.

## NEURÔNIOS SE REPRODUZEM

Sempre se acreditou que o homem nascia com um determinado número de neurônios que, ao longo da vida, iam se perdendo, porque eles não se reproduziam mais. Hoje, a Neurociência comprovou que, com a idade, *os neurônios da memória se reproduzem*. Ficou claro também que, com o passar da idade, os neurônios da memória levam mais tempo para cumprir suas funções, a ponto de o idoso esquecer os fatos recentes e se lembrar dos eventos passados.

Sabemos hoje que, quando nós estimulamos essa memória, buscando-a, o próprio neurônio envelhecido fabrica novos que memorizam provisoriamente um dado até que ele seja passado e absorvido pelos antigos. Depois de cumprida essa missão, esse novo neurônio se desfaz. Se cada pessoa fosse um neurônio, ela valeria pelo número de outros neurônios com quem ela se comunica, e pela quantidade de comunicações que ela estabelece. No neurônio, quanto mais sinapses ela tiver, maior é a sua competência.

Quem se segrega e se isola tem vida mais curta, não estabelece canais de comunicações com outras pessoas, portanto, *Marca Passos*.

Daí se amplia o conceito, acima visto, de *Alta Performance*: não podemos ser idiotas (no sentido clássico do *id*, o interior), voltados só para o nosso interior, como dizem Mário Sergio Cortella e Renato Janine Ribeiro[20]. Temos de praticar o relacionamento, responsabilizando-nos por ele e procurando os melhores resultados para todos.

Havia um conceito leigamente difundido de que o ser humano usa somente 20% do seu cérebro. Isso não é verdade. Nós usamos todo o cérebro, várias vezes por dia, 20% de cada vez. Quanto mais áreas desenvolvidas tivermos no cérebro, mais inteligentes e competentes seremos, porque os neurônios enriquecem-se uns aos outros. As grandes invenções vieram por migração de conhecimento de outras áreas.

O que é novidade hoje na *Alta Performance* é a meritocracia, no entanto ela existe há muito tempo (leia o Capítulo 2: **Meritocracia**). No que diz respeito aos chefes de família da atualidade, eles tiram maior proveito se aplicarem com seus filhos a meritocracia exercida no ambiente de trabalho.

Os pais eram avessos à terapia familiar porque o cérebro deles foi formatado para desempenho profissional, com a educação dos filhos sendo delegada às respectivas mães. No seu trabalho, eles aplicam os conceitos de meritocracia, da relação custo-benefício, de que

---

20 Ribeiro & Cortella. *Política para não ser idiota*. São Paulo: Papirus, 2009.

toda ação produz consequências que devem ser assumidas e nada vem de graça etc. Bem que tais pais poderiam aplicar esses padrões comportamentais também no seio da família, pois isso ajudaria a melhorar sua performance. Quando todos os familiares adotarem esses padrões, a família será de *Alta Performance*.[21]

## SISTEMAS CORTISOL E MELATONINA

NO APRENDIZADO, HÁ MUITAS ÁREAS na mente que estão travadas nos pontos da ignorância. De fato, conseguimos enxergar e ouvir mais o que para nós tem significado. Para o que não conhecemos, somos mentalmente cegos e surdos. Ou seja, solta uma trava cá, destrava o sistema lá. Exemplo disso é o químico alemão Friedrich August Kekulé von Stradonitz, conhecido por Kekulé (1829-1896), o pai da química orgânica – que buscava o desenho molecular do benzeno e não conseguia chegar a nenhuma fórmula. Em outras palavras, o conhecimento estava estancado ou represado porque não se encontrava fórmula molecular alguma para essa substância. O cientista dormiu com essa preocupação e sonhou com uma cobra mordendo o próprio rabo. Por isso, ele deu a imagem do hexágono ao benzeno. Ou seja, ele transferiu um conhecimento que já existe no universo, a respeito dos ofídios, para o campo da química e, com isso, a representação gráfica da química orgânica deslanchou.

Durante o dia, o organismo humano funciona na base do cortisol, hormônio do estresse, para sobreviver. Sua mente utiliza determinados sistemas conscientes e automatizados para solucionar

21 Içami Tiba, *Família de Alta Performance*.

problemas. Nesse período, ele envelhece. À noite, durante o sono, reina a melatonina, o hormônio do rejuvenescimento, antioxidante e recuperador. A mente é escrava do desejo e, se uma pessoa deseja resolver um problema, usará durante o dia o sistema cortisol e acionará os seus sistemas disponíveis, geralmente conscientes.

Durante a noite, a mente continua procurando uma solução, agora regida pela melatonina, escapa do controle consciente de vigília, passeia por outros sistemas e encontra respostas desejadas, quando há competência para isso. Quando a mente encontra uma sugestão de resposta, a pessoa é despertada e se lembra do sonho. Se nada anotar, ou deixar algo para servir como âncora-lembrança da resposta e dormir outra vez, no dia seguinte lembrará que sonhou, mas não se lembrará com o quê.

A melatonina também é responsável pela desintoxicação, eliminando o que a mente recebeu, mas não lhe deu significado. Ela não deixa informações a *Marcar Passo* e ocupar um sistema que deve estar ocupado com outros dados mais significativos. Memória não utilizada, seja lá para o que for, torna-se inútil e será deletada. A sabedoria envolve saber despedir-se e descartar o que não serve mais à mente. Já imaginou você ter de procurar uma agulha no meio do palheiro que ocupa todo o celeiro? É como se sua memória estivesse toda ocupada com palhas: sua performance usada com um trabalho inútil se tornaria de *Alto Desgaste*.

## RESULTADOS DA ALTA PERFORMANCE

O RECONHECIMENTO DA ALTA PERFORMANCE no trabalho resulta em dinheiro que se recebe e em status que se atinge. A falta do reconhecimento alheio da sua vitória não justifica uma falha sua. Um concorrente, adversário ou inimigo vai odiar a sua vitória. Por melhor que seja um político ou um juiz de futebol, ele sempre vai ser combatido pelo seu adversário ou por perdedores.

A *Alta Performance* tem de ser praticada como uma filosofia de vida, pois a cada volta que o mundo dá, alguém deu um *Passo Além*. Quem simplesmente *Marca Passos* poderá ser devorado pela obsolescência, conforme os avanços ocorridos. Como já pude comentar: professores que dão as mesmas aulas por décadas não percebem que o seu cérebro está mais amarelo que as fichas que usa. Anestesiou-se, não está mais ensinando, está só repetindo algo automaticamente.

Tal professor tem uma cegueira sobre a sua real situação atual e a arrogância própria de quem foi vencedor mas *Marcou Passo*. Ele certamente é do tipo que vai questionar e blasfemar sobre as novidades e se agarrar ao que já teve significado para ele, por exemplo, telégrafo, caneta-tinteiro etc. Na verdade, ele está obsoleto.

O sucesso é uma energia viva que chega de outros como *feedback* da sua vitória, do seu feito, da sua invenção, criação, descoberta – por ter sido bem-sucedido no seu *Passo Além*. Pessoas tornam-se célebres quando seu feito transcende sua área de atuação e chega ao grande público por sua importância e utilidade social. Pessoas célebres costumam receber homenagens em vida e *post mortem*.

Homenagens são celebrações de reconhecimento, titulações, honrarias, destaques sociais etc., mas que, em si, não lhe trazem mais dinheiro.

Adoniram Barbosa, mestre do samba paulista – que viveu e morreu pobre –, diante de tantas homenagens que lhe prestavam, soltou a frase: "Chega de homenagens! Quero meu dinheiro", lembrando às pessoas que "homenagens" não pagam a conta do supermercado. Em igual desabafo, o professor Luiz Marins complementa: "Troféus, cartões de prata, 'top de marketing', capas de revista, não pagam as contas"[22].

Como o prazer do sucesso é grande, as pessoas, querendo manter esse prazer, buscam mais o sucesso que a vitória. É como correr atrás das borboletas em vez de cuidar das flores para atraí-las. O que torna a pessoa mais competitiva não é correr atrás do sucesso, mas melhorar os seus produtos. O sucesso vicia tanto que quem vive uma ascensão meteórica, com a qual nem sequer sonhou, faz qualquer coisa para reaver o sucesso quando o perde – até mesmo quanto a coisas mais esdrúxulas. O fato é que deveria ter aproveitado aquele momento para se preparar, intensificando o que já estava fazendo ou mudando de direção para fazer algo novo. O *Marcar Passos* que for mordido pela perpetuação do sucesso não suportará o fracasso e vai se suicidar de várias maneiras: no alcoolismo, na depressão, nas drogas, enfim, qualquer recurso que falseie a sua dura realidade de ex-sucesso.

Ao explicar a uma criança o conceito de *Alta Performance*, um pai ou um educador normalmente depara com algumas conclusões às quais elas chegam: **1.** não ter de mentir – se pensar o melhor possível – **2.** não ter de fazer duas vezes – se fizer o melhor possível. E, se fizer o melhor possível sem ter estudado, o desgaste será tão grande que, por maior que tenha sido o esforço, insignificante será o resultado. Daí a conclusão à qual as crianças devem encaminhar-se: para ser de *Alta Performance,* tem de estudar, que é a forma mais fácil de aquisição de conhecimentos.

---

22 Disponível em: http://www.guiarh.com.br/pp140.htm. Visitado em fev. 2011.

## PARCEIROS DE ALTAS PERFORMANCES

TODOS NÓS PRECISAMOS NOS CERCAR de gente que também seja de *Alta Performance*. Transmitindo o que e como fazemos, ajudamos outras pessoas a ser também melhores. Quem se aprisiona na sua torre de egoísmo, superioridade e arrogância não terá colaboradores à sua altura, portanto não receberá retorno de qualidade que o ajude no *Passo Além*, pois eles estarão no *Marcar Passos*.

A doutora Zilda Arns Neumann (1934-2010), catarinense, pediatra e sanitarista, foi a fundadora e coordenadora internacional da Pastoral da Criança em 1983. Desenvolveu a metodologia comunitária de multiplicação do conhecimento e da solidariedade entre as famílias mais pobres. A educação das mães por líderes comunitários capacitados revelou-se como forma de combater a maior parte das doenças facilmente previnidas e também a marginalidade das crianças, em 4.063 municípios brasileiros. Seus mais de 260 mil voluntários levam fé e vida, em forma de solidariedade e conhecimentos sobre saúde, nutrição, educação e cidadania, para as comunidades mais pobres.[23]

Zilda Arns jamais conseguiria sozinha ajudar 4.063 municípios. Ela foi a pedra inicial que, ao mergulhar na ajuda à saúde das crianças, capacitou a primeira onda de pessoas que, como ela, formaram outras ondas de capacitações até chegar às mães diante de seus próprios filhos.

Os pais precisam educar bem os seus filhos para que eles possam educar os netos e também cuidar dos avós na velhice – assim

---

23 http://www.infoescola.com/biografias/zilda-arns/. Visitado em fev. 2011.

como os educadores têm de formar futuros educadores que propaguem a educação para onde suas vidas os levarem. Zilda talvez não conseguisse formar a primeira onda se não tivesse sua formação baseada em valores éticos e na medicina. Talvez os pais também tenham que aprender a ser educadores, assim como os próprios educadores, para formarem cidadãos éticos.

Não há nada pior para os pais do que permitir que seus filhos sejam como príncipes que terão de ser sustentados pelo resto da vida. Para que não nos esqueçamos, relembro algumas práticas familiares que têm dado péssimos resultados na educação dos filhos e alunos:

1  FAZER pelo filho o que ele próprio pode fazer sozinho;

2  DEIXAR de cobrar obrigações que ele tem de cumprir;

3  ENGOLIR contrariedades, respostas mal-educadas, desrespeito aos outros;

4  PERMITIR que o filho imponha suas vontades inadequadas a todos;

5  CONCORDAR com tudo o que o filho faz e diz só para não contrariá-lo;

6  ACREDITAR que "o filho não mente" ou "ele nem sabe o que faz";

7  PERMITIR que o filho gaste o dinheiro do lanche em outras coisas;

8  ASSUMIR para si as responsabilidades sobre o que o filho faz;

9   SILENCIAR quando percebe que o filho falsificou a assinatura dos pais;

10  REPETIR muitas vezes a mesma ordem;

11  DAR tapas ou "surras pedagógicas";

12  SER conivente com suas delinquências;

13  ACEITAR notas baixas, tarefas feitas de qualquer jeito;

14  TERCEIRIZAR a educação dos filhos;

15  IGNORAR o lixo que o filho jogou no chão;

16  PERMITIR que os filhos dentro de casa façam o que não devem fazer no ambiente social;

17  INCENTIVAR a tirar proveitos pessoais de qualquer vantagem que tiver;

18  JUSTIFICAR as falhas dos filhos como erros dos outros;

19  TOLERAR mentiras, traições, pequenos furtos etc;

20  MINIMIZAR o cumprimento de regras, ordens e combinações estabelecidas;

21  INVENTAR desculpas por falhas próprias;

22  MUDAR as regras existentes para favorecer os filhos;

23  PERMITIR que experimentem drogas;

24  FINGIR que não percebeu a ingratidão e o abuso que os filhos cometeram;

25  INSTIGAR superioridade religiosa, financeira, familiar, sexual etc;

26  DIVIDIR o mundo em pessoas espertas e burras;

27  SER cúmplice ou conivente nas transgressões e contravenções dos filhos;

28  COLOCAR o filho acima de tudo e de todos;

29  AJUDAR o filho a "colar" nas provas;

30  FAZER a lição de casa do filho;

31  AMEAÇAR ou agredir professores ou pais dos amigos do filho por erros que são dele.

~

# CAPÍTULO
# SEIS

# DROGAS

Incluí nos dois últimos capítulos deste livro a minha prática clínica com a realidade dos jovens, que está muito distante dos sonhos dos pais e educadores.

Para se construir *Alta Performance*, além caminhar pela educação bem articulada, bem orquestrada, é preciso que haja prevenção contra eventos que possam atrapalhá-la. Entre os fatores prejudiciais estão as drogas, principalmente a maconha e o álcool. *E só amor não tem sido suficiente para estabelecer esse cuidado, são necessários também conhecimentos específicos para maior assertividade e sustentabilidade da prevenção.*

## BOM E GOSTOSO SÃO DIFERENTES

Pergunto ao jovem que usa maconha: Por que você fuma?

– Porque é bom – diz ele.

– E por que é bom?

– Porque é gostoso.

Ser gostoso ou não gostoso é uma qualificação baseada em sensação física inerente à espécie humana, enquanto o bom ou mau é um critério de avaliação racional relativo a se fazer bem ou mal à saúde, baseado em estudos racionais. Nenhum deles justifica o outro. Os próprios fumantes de maconha (canabistas) afirmam: "Hoje não posso fumar porque estou *mal* (depressivo)". Ou seja, quando o indivíduo não está bem, ao canabisar, ele libera todo o mal-estar que está vivenciando e faz uma "viagem ruim" – a chamada *bad trip*, que provoca sofrimento em vez de prazer.

Para associar esse binômio de conceitos tão distintos, o usuário não aprendeu a diferença entre eles. Quando o usuário diz que fuma porque é bom e é bom porque é gostoso, ele está confundindo critérios. É como se ele dissesse: *"Tudo o que me dá prazer é bom, a droga me dá prazer, logo a droga é boa".* É neste momento que pesa o fato de ele ter sido educado para acreditar que todo prazer é bom. Trata-se, portanto, de um problema de educação. A esta geração se ensinou: faça o que você gosta. Ocorre que a gente só gosta do que é gostoso, e não do que é bom; gosta do que é agradável, não do que é útil. Portanto, *nós educamos erradamente quando deixamos à criança pequena a opção de fazer o que ela quiser,* sem promover a correta adequação entre o que é "bom" e o que é "ruim".

É imperioso dirigir a educação, restringindo as escolhas universais para o que é adequado. Quando uma criança pede, por exemplo, um lanche para a tarde, os pais podem lhe mostrar onde estão os alimentos adequados para a circunstância, o peso e a idade dela, e não deixá-la escolher entre todos os lanches existentes. Os pais devem emprestar à criança os critérios que ela ainda não tem desenvolvidos. Devem orientar:

*"O bom (adequado) está nesta área e nesta área, a escolha é sua. Naquela outra área, ainda que seja gostoso, não pode".* Ponto.

Quando a adolescência chegar, a criança com certeza saberá distinguir um do outro e fará uma escolha não só por prazer, mas levando em consideração também outros critérios, como saúde, sustentabilidade, meritocracia etc.

Frases significativas desse crescimento inadequado dos filhos são: "Você tem de fazer o que gosta!" ou "O que importa é ser feliz!". Essas frases e outras do mesmo teor, se repetidas aos filhos desde pequenos, tornam-se verdadeiros mantras para eles e influem em todas as suas escolhas no futuro. Os pais precisam orientar a educação e não negligenciá-la, permitindo um crescimento desregrado. Quando os pais dão "tudo do bom e do melhor" para seus filhos que ainda nada pediram, saciam todas as suas vontades, permitem que nada façam se não gostarem, estão fazendo "o possível e o impossível" para incrementar um crescimento sem princípios.

Parece que a única obrigação que o filho tem é de ser feliz, tamanho o esforço dos pais em lhe oferecer a tal felicidade – esquecendo-se de que felicidade não se dá, não se vende, não se herda. É a própria pessoa que precisa construir dentro de si a sua competência para ser feliz.

Quando os filhos ganham as ruas, eles repetem simplesmente o esquema aprendido em casa: busca de prazer, sem arcar com as responsabilidades e consequências. Nas ruas, não há provedores de prazer, a não ser as drogas. Na realidade, o preço que se paga pelo prazer químico é tornar-se escravo dele.

Se, em casa, os filhos tudo podem, sem se preocupar com o custo-benefício nem com responsabilidades próprias, por que eles não poderiam usar drogas na rua? Principalmente a maconha, que, segundo o preconceito positivo juvenil, não faz mal, não vicia, só dá prazer? E por que a maconha provoca tanto prazer? Leia o texto adiante e entenda suas razões químicas:

A maconha e o cérebro: O **THC** (tetrahidrocanabinol) é uma substância química bastante potente quando comparada às outras drogas psicoativas. Substâncias químicas estranhas, como o THC, **podem copiar ou bloquear** as ações dos fisiológicos neurotransmissores, como **amandamina**, e interferir nas funções normais. No cérebro, existem grupos de **receptores canabinoides** concentrados em diferentes lugares, principalmente no **hipocampo, gânglios basais e cerebelo**. Esses receptores possuem efeitos em diversas atividades mentais e físicas, incluindo: memória de curto prazo; coordenação; aprendizado e soluções de problemas. O THC se liga aos **receptores canabinoides** ativando os neurônios, com efeitos adversos sobre o próprio cérebro e o restante do corpo. Existem altas concentrações de receptores canabinoides no **hipocampo, cerebelo** e nos **gânglios basais**, responsáveis pelos sintomas acima citados. [24]

## SACIEDADE NÃO É FELICIDADE

UM DOS MAIORES ENGANOS DO ser humano é usar drogas para se sentir melhor. Nosso instinto de sobrevivência produz a fome quando falta energia no nosso organismo. Como saciamos a fome, acabamos com o sofrimento de ter a vida ameaçada. Isso nos dá satisfação do instinto, fizemos uma ação bem-sucedida para o nosso organismo, o que nos gera prazer.

---

24 Disponível em: http://saude.hsw.uol.com.br/maconha3.htm. Visitado em fev. 2011.

A comida gostosa é aquela que agrada ao nosso paladar, não só pelo gosto, mas também pelos sentidos visual, olfativo, táctil, térmico e até pelo auditivo. Assim, o corpo físico fica saciado de alimento e nossa vontade de comer também é saciada. Mas logo a fome estará de volta, a saciedade é passageira. Quando ela é muito grande e o cérebro começa a perceber o risco de "morrer de fome", os órgãos do sentido ficam cada vez menos exigentes, a ponto de comer e beber qualquer coisa. Um velho ditado popular diz: "A fome é o melhor tempero". Nessa situação, a comida e o líquido representam a vida.

Qualquer cidadão comum que tem e pode escolher o que comer, quanto mais poderoso, culto, conhecedor e apreciador de alimentos e bebidas for, mais exigente e sofisticado se torna. Um exemplo disso é saborear o vinho que acompanha uma refeição. Geralmente, os vinhos excelentes têm preços salgados, pois podem custar muito mais caro do que a própria refeição. Nunca vi um vinho excelente, de preço salgado, ser tomado num copo de requeijão; ele requer uma taça especial, que também pode custar mais que os talheres e os pratos da refeição.

Todo o meio ambiente onde se toma esse formidável vinho também é sofisticado, e as pessoas que o frequentam também têm boas condições de vida. Tais cidadãos não somente têm convidados como são também convidados pelos outros que usufruem dos mesmos prazeres. Tudo isso pode ser parte da felicidade, mas, por si mesmo, é só saciedade. *A felicidade é algo maior, um estado de satisfação mental e consciência plena que está acima da saciedade fisiológica e instintiva.*

Fórmulas de Felicidade? Existem pelo menos 6,5 bilhões no mundo – mesmo número de habitantes no planeta. E a péssima notícia é que, a cada segundo, muitas outras novas aparecem. [25]

25 Marlene Cohen. *História da Felicidade*. Contracapa.

Toda esta sofisticação foi construída pela soma de muitas unidades sequenciais do *Passo Além*. A cada passo conquistado, há um prazer de vitória, um custo, um empenho em uma ambição sadia e uma busca de realização de um sonho cujo alvo é poder usufruir saudavelmente o melhor que a vida pode lhe oferecer. A felicidade não está só na sofisticação em poder comer e beber, mas também em retornos pelo tipo de vida que leva, pelos valores que vive em cada ação e julgamento.

## QUEM É FELIZ NÃO USA DROGAS

SIM, QUEM É FELIZ NÃO usa drogas. Quem tem necessidade de prazer não é feliz, pois a felicidade traz em si uma existência prazerosa.[26]

O prazer gerado pelo estado de felicidade tem maior ética, consciência saudável, saúde relacional, civilidade e sustentabilidade que o da saciedade, que é passageira, pois logo o sofrimento da necessidade volta, num ciclo interminável.

O prazer provocado pela droga ultrapassa os limites naturais do cérebro, e impõe um risco: o de que esse órgão se esqueça de tudo o que lhe era agradável antes e passe a viver somente em função do novo prazer, que é ingrato por ser autodestruidor.[27]

O prazer gerado pelas drogas não é ético, pois é totalmente egoísta: só o sente quem está drogado. É como se o usuário tivesse tirado o seu cérebro para imergi-lo numa solução química, com todos os seus efeitos espalhando-se pelo seu corpo. É um prazer

---

26 Içami Tiba. *Juventude & Drogas:* Anjos Caídos.
27 Suzana H-Houzel. *Fique de bem com seu cérebro.*

ou efeitos comandados pelas drogas sobre o qual o usuário não tem nenhum controle. As drogas agindo no cérebro alteram todo o seu funcionamento e modificam seus níveis de consciência biológica e psicológica. A consciência biológica depende do estado físico em que o cérebro e a mente se encontram. A consciência psicológica depende das alterações provocadas pelos princípios ativos da droga usada. Uma pessoa sóbria tem uma visão normal. Ilusão é ter percepção alterada de um objeto. Alucinação é percepção de objeto que não existe. Delírio é acreditar na alucinação.

Maconha é considerada psicodisléptica ou alucinógena porque ela altera também as percepções, provocando alucinações e delírios visuais, auditivos, de perseguição etc. Uma pessoa sob efeitos de drogas não consegue manter um relacionamento saudável com outra pessoa, mesmo que esta última também esteja usando droga idêntica. Como os conteúdos mentais são próprios de cada um, suas manifestações sintomáticas também serão diferentes. Isso ocorre porque cada usuário imergiu seu próprio cérebro na droga.

Conversas, broncas, combinações feitas entre pessoas sóbrias como pais e professores têm pouca serventia se os filhos e alunos estiverem com seu funcionamento mental alterado. Sob o efeito das drogas, ninguém tem disposição nem disponibilidade para se relacionar saudavelmente com outro. A civilidade ou qualidade de se relacionar socialmente, o respeito às regras e ao próximo, a atitude de manter limpo o que usou, estão muito prejudicados para uma pessoa drogada que nem sequer consegue atender às próprias necessidades.

O usuário de drogas está se destruindo mais do que se construindo. A droga destrói seu usuário e respectivas famílias, não só materialmente como também afetiva e psicologicamente. Mesmo que as drogas sustentem os traficantes, eles também sofrem de morte prematura por disputa de territórios, garantia de mercado, conflitos internos. *Para quem não vacila em matar, não lhe custa morrer.* Quem experimenta drogas oferece ao cérebro um prazer químico tão intenso que não se interessa por prazeres menores, como dar um *Passo Além*. Pelo contrário, para essa pessoa, o *Passo Além* está na tentativa de voltar a sentir o prazer que sentiu da primeira vez. Mas nunca mais o prazer será o mesmo. É por isso que novos *Passos Além* são dados pelo usuário para tentar aumentar o prazer químico, e isso o faz progredir no caminho do vício. O *Passo Além* serve para aumentar a dose, aumentar a frequência, alterar o método de uso, mudar para outra droga mais forte.

O vício chega a um ponto tal que o usuário dá mais importância à droga que à sua carreira, sua família, à própria preservação de sua vida. Já não é mais escolha, é necessidade – quando qualquer droga serve. É como se o usuário estivesse morrendo de fome pela droga, então não importa o custo, ele quer se drogar.

O mesmo *Passo Além* que leva o cidadão a sofisticar a vida para saborear o excepcional vinho numa taça requintada leva também o experimentador de drogas à necessidade imperiosa e ao vício – que o imergiu num mundo sombrio jamais imaginado por seus pais e professores.

A felicidade é o equivalente ao resultado de algo significativo que um cidadão, pobre ou rico, homem ou mulher, culto ou simples, cria e constrói, enquanto a busca da saciedade para a necessidade de usar drogas leva o usuário às mãos do traficante que detém a droga que ele quer.

## A MENTE É ESCRAVA DOS DESEJOS

NOSSA MENTE TRABALHA PARA SATISFAZER nossas vontades. Se estamos com um problema, uma preocupação, uma necessidade ou uma vontade, a mente faz o possível para resolver o que nos incomoda. Quando estamos com fome, comidas ficam mais "iluminadas" que roupas e livros. A procura do faminto pela comida parece voluntária, mas é comandada pela mente, que quer resolver a fome. Depois de comer, saciada a fome, a mente muda a prioridade da necessidade e passa a iluminar o caminho do local para a digestão. A motivação para comer é instintiva.

Assim, também parece que somente a droga ou o caminho para encontrá-la fica iluminado para o seu usuário, quando vem a vontade ou necessidade de usá-la. A mente faz parecer que esse comportamento surge da vontade do usuário, por isso é que a maioria dos usuários afirma usar drogas por vontade própria e, portanto, não é viciado.

O sistema de recompensa funciona sem avaliar o critério de adequação da ação que produz o prazer. Essa capacidade de avaliação surge com a maturidade, ou com a educação que constrói internamente valores estáveis não sujeitos a mudar conforme a moda, a situação, o local ou o tempo. Para se lembrar de como funciona o sistema de recompensa, veja o quadro no subtítulo "*Chefia: mau uso da liderança*", no Capítulo 4 desta obra.

Esse sistema age no cérebro da pessoa conforme sua própria avaliação a respeito do que fez. Se um jovem quiser esconder-se para canabisar, a mente vai iluminar o processo do esconder-se e, tendo êxito nessa ação, vai considerar que foi bem-sucedido, o que acionará seu sistema de recompensa. A maconha também provoca o prazer químico. Assim, o que chega à mente é a grande satisfação em canabisar escondido, que é a soma dos prazeres químico e de recompensa.

A escalada das diferentes etapas, pela ótica da mente do usuário, é um tipo de progressão buscado pelo próprio sistema de recompensa. Não existe nesse sistema um seletor que indica que é prazeroso mas não é bom. Bom ou ruim pertence a um critério estabelecido pelo seletor de valores. A ética, o bem, o dever, a disciplina, a civilidade e alguns outros valores de saúde ou relacionais pertencem ao seletor de valores, que é construído pela educação ou pela maturidade.

Se o adolescente cresceu sem orientação e distante da educação dirigida pelos pais, faltaram ao seletor de valores alimentos que permitissem as bases da avaliação para o bom ou para o mal, restando apenas achar que, se é gostoso, é bom. Quando o seletor de valores está mais bem formado, ele não considerará usar drogas como algo bom, porém algo que faz mal à saúde, à pessoa, à família e à sociedade. Então, no lugar da recompensa, haveria uma crítica que o impediria de usar a droga.

## DA EXPERIMENTAÇÃO AO VÍCIO

A ANALOGIA É A MESMA dos relacionamentos. No começo, acontece a paquera, depois vem o "ficar", que é a primeira experimentação. Desta os jovens passam para o "rolo", até chegar ao "namoro" e, posteriormente, a um casamento com a droga. O tempo da paquera ao casamento com a maconha varia de 1 a 4-5 anos. No caso do crack, o casamento pode surgir com todos os "filhotes" após já a primeira ficada. Os "filhos indesejáveis" do relacionamento com a maconha podem aparecer nessa primeira experiência, mas tornam-se mais numerosos conforme avançam nas etapas. Tais atitudes são:

> RESPOSTAS rudes, mal-educadas, agressivas, ofensivas, violentas, começando com a mãe e depois com o pai;
> NÃO querer mais dar satisfações, atender telefonemas, responder a recados;
> FECHAR-SE no quarto;
> NÃO mais querer participar do dia a dia da família;
> NÃO parar em casa em finais de semana;
> QUERER sair no meio da semana;
> OMITIR aonde vai, onde esteve, o que fez, o que fará etc;
> PERDER interesse em estudar; não conseguir mais acordar cedo para ir à escola;
> FALTAR às aulas por qualquer motivo, ir à escola, mas não frequentar as aulas;
> DESINTERESSE em vestir-se bem;
> DESCUIDAR-SE da higiene pessoal;
> USAR adornos com folhas de maconha;
> DEIXAR um pouco de maconha solta na mochila, no carro, que é sempre de um amigo dele, nunca dele mesmo;
> ACHAR natural usar piercings, tatuagens, alargadores, dreadlooks, como rastafári jamaicano;
> NEGAR usar drogas, mas confirmar somente que usou umas vezes ou que só experimentou;
> INTOLERÂNCIA às frustrações e reações explosivas;

> QUANDO pais encontram maconha, colírio, papel de seda, isqueiros – que compõem o kit maconha –, negar a origem e jurar que não é dele;

> COMEÇAR a tirar notas baixas;

> TRANCAR-SE no quarto, inclusive de dia, e demorar a abrir a porta quando solicitado;

> PAIS encontrarem ventilador, "bom ar", incenso no quarto, que não eram hábitos anteriores;

> QUANDO alguém alerta sobre o filho, este ficar muito bravo, dizendo que os pais confiam mais num estranho que nele;

> ACHAR horrível ter de estudar; parar de ir à escola;

> RECEBER telefonemas curtos, sem identificação, a qualquer hora;

> CONFIRMAR que fuma maconha e defender o uso;

> MUDAR de amigos e não apresentar os amigos novos;

> SER reprovado na escola, sem "justa causa";

> DESAPARECER na sexta-feira para aparecer no domingo à noite ou na segunda-feira;

> PROVOCAR os pais, dizendo que pode fazer exame de urina ou de cabelo para confirmar que não está usando;

> AFIRMAR que gosta da maconha e que não vai parar;

> A CADA VACILADA, fazer a campanha da "boa imagem" para convencer os pais de que não é viciado etc.

Todos esses "filhotes" do usuário fazem parte de um quadro evolutivo que nem sempre segue essa ordem. Porém, quanto maior o número de filhotes presentes, tanto mais comprometida está a personalidade do filho. Alguns desses sintomas podem aparecer em outros distúrbios comportamentais, mas nunca o kit maconha. Aos interessados que quiserem se aprofundar neste tema, sugiro leitura e estudo do meu livro *Juventude & Drogas: Anjos Caídos – para Pais e Educadores*.

Para a *Alta Performance*, é importante não só a construção dos valores, mas a desconstrução do que possa atrapalhá-la. Pessoas que usam drogas diminuem sua *Alta Performance*. Maconha e álcool estão sendo negligenciados pela maioria das pessoas, não só pelos jovens que fazem só o que têm vontade ou o que lhes dê prazer, mas também pelos pais, educadores e Poder Público, que fazem vista grossa a respeito das drogas.

No Capítulo 7, **Alcoolismo**, escrevo sobre a Teoria das Janelas Quebradas: *o álcool é uma janela quebrada, aberta para outras drogas*. Sob essa metáfora, a maconha, além de fazer mal ao seu usuário, é a porta completamente aberta para drogas mais pesadas.

## MEU FILHO, UM TRAFICANTE?

Para virar traficante, um consumidor não precisa de muito esforço. Basta juntar dinheiro dos colegas usuários, ir até uma boca de fumo, o local onde se vende maconha, comprá-la e voltar para o grupo para entregar a cada um a quantidade que lhe corresponde. Logo, logo, o usuário-negociante passa a cobrar o seu serviço, tirando uma parte em maconha para o seu uso. Depois, passa a cobrar mais e distribuir menos quantidade de maconha para aumentar o seu lucro. Assim, ele encontra um modo muito fácil de fazer dinheiro. Este é o **microtraficante**. Ele não trabalha diretamente para o grande traficante. Compra com o dinheiro que outros usuários-clientes lhe fornecem antecipadamente. Portanto, ele não precisa de capital inicial, já que trabalha com o dinheiro dos outros. O lucro dessa negociação é dele.

O **minitraficante**, por sua vez, trabalha para o traficante. O lucro fica com este último, que lhe paga mensalmente um bom dinheiro, levando em conta seu trabalho. Geralmente, os minitraficantes são seduzidos pelo traficante. O "produto" é do traficante, e o minitraficante é que conhece os usuários compradores. É fácil reparar que o filho começa a andar com mais dinheiro e começam a surgir sinais evidentes de riqueza juvenil, isto é, aparece sempre com uma novidade, um par de tênis, DVDs, CDs, camisetas, relógios, joguinhos eletrônicos – sem nenhuma despesa ou pedido para os pais.

Esse minitraficante pode ser facilmente percebido pela escola, pois transgride normas e enfrenta qualquer autoridade, inclusive com arrogância, já que conta com o reforço do traficante para se defender ou ameaçar seja quem for. Pode ser vingativo e perigoso em relação a qualquer pessoa que atrapalhe seu minitráfico.

A impunidade é o grande estímulo ao minitraficante. Isso também aumenta o seu cartaz perante outros alunos que o idolatram, principalmente quem dele compra drogas. Ele pode "trabalhar" dentro da escola ou fora dela, mas se protege da lei misturando-se aos alunos.

## FILHOS PRECISAM SER ACOMPANHADOS

PAIS DE ALTA PERFOMANCE PROCURAM saber quando, como e com quem os seus filhos chegam quando voltam das baladas e festas para casa. Mais do que ficarem bravos nessas horas, eles devem ficar atentos ao estado de alterações física e psicológica apresentado pelo filho e, na primeira oportunidade, devem procurar saber dos filhos por que chegaram naquele estado. E, enquanto isso não for esclarecido, é preciso impedir que os filhos saiam outra vez, por maiores compromissos que aleguem ter.

Se os pais permitirem a falta de explicação, dão um passo para tudo *virar pizza*, isto é, fazer muito barulho por nada.

Os pais devem combinar entre si que qualquer medida tomada em relação aos filhos seja *coerente, constante e consequente*. Nessa conversa, devem estabelecer que, "da próxima vez" que o filho voltar alterado, ficará o final de semana seguinte sem sair. Se houver outra vez ainda, ficará duas semanas sem sair; e, se essa situação persistir, todos terão de receber ajuda e orientação profissional – porque, nesse caso, o método "perder as baladas" não está servindo de aprendizado.

Para perceber se um jovem está alterado, basta observar: a cor das pupilas não pode estar vermelha como um farol de semáforo, nem branca brilhante, pois esse branco pode ser provocado por colírios. As pálpebras devem manter o reflexo rápido do pestanejamento, não moroso nem pesado como nas tartarugas. Os pais podem fazer o filho expirar todo o ar que tiver nos pulmões e, em seguida, sem nada inspirar, peça-lhe que solte o bafo final trazendo o ar residual dos pulmões: tudo o que tiver sido inalado recentemente – maconha, cigarro, lança-perfume, benzina – deixará seu cheiro nesse ar residual.

Depois do uso social, a próxima etapa do jovem canabista rumo ao vício é mais ousada, pois ele passa a fumar sozinho em casa, geralmente no seu quarto, a portas trancadas, na varanda ou no fundo do quintal, na região menos frequentada do condomínio, e também na casa das máquinas do elevador dos prédios.

E, já que está fumando em casa, por que não fumar também em outros dias? Assim, ele passa para outra fase – e nesta fica tão acostumado e descuidado que nem se dá mais ao trabalho de esconder a droga ou o "kit" que usou.

Reitero e acrescento **alguns sinais** comumente encontrados quando o filho fuma em casa: porta fechada, frequentemente trancada; demora para abrir a porta quando solicitado; um corre--corre precedendo o ato de abrir a porta; janelas escancaradamente abertas; ventilador ligado, mesmo no frio; incenso aceso, produtos perfumadores borrifados por todo o aposento; cheiros diferentes (mistura de fumaça com diversos outros cheiros); vedadores de porta para que o cheiro não saia do quarto; banheiro quente, ainda com vapor de água ou vestígios dele (técnica usada para evitar que a fumaça da maconha, a "marofa", esfrie e grude nas paredes e tecidos onde encostar).

**Outras provas**: o resto de baseado que foi dispensado; cinzas do baseado na soleira da janela; restos de folhinhas parecendo orégano picado apressadamente, espalhados no lugar onde o baseado foi preparado; partes, ou o próprio "kit maconha", esquecido num lugar visível, devido à correria para abrir a porta.

Note também a expressão de inocência do jovem, que precisa mostrar, de maneira teatral, que não está escondendo nada.

~

# CAPÍTULO
# SETE

# ALCOOLISMO

*– Eu fumo maconha, sim, mas ela me faz menos mal que suas bebidas de final de semana!*

## PAIS: DE ORIENTADORES A QUESTIONADOS

QUANDO OS PAIS SÃO SURPREENDIDOS por um filho usando drogas, em geral acabam desarmados por essa argumentação inesperada. Tal resposta traz algumas surpresas: 1. O filho afirmar que fuma maconha. 2. Comparação da maconha com o álcool. 3. Fazer críticas a um costume social já consagrado. 4. O filho revida em igualdade de condições com o pai. 5. Em vez de responder, o filho critica os pais.

Se os pais, como resposta, tentam justificar seus hábitos para o filho, dizendo: "é para relaxar"; "é para curtir o domingo com os amigos"; "é só de final de semana"; "bebemos só um pouco"; "não somos alcoólatras" etc., então caíram na armadilha de palavras do filho. Qual não é a surpresa quando o filho responde, com certa tranquilidade, para cada justificativa dos pais com a mesma frase:

"para mim, também". De questionadores, os pais passam a questionados pelo próprio filho – que até há pouco usava fraldas.

Se os pais não caem nesse debate incômodo e infrutífero e respondem que não é a bebida que está em pauta, mas sim a maconha, o filho reclama (como se estivesse sendo lesado) que os pais não têm razão, e demonstra (ou até manifesta) que está sendo injustiçado na sua própria casa.

*O que aconteceu com os pais para entrarem nesse desagradável debate com infindáveis réplicas e tréplicas?* Se somente um dos pais bebe e o outro já não gostava desse hábito, o conflito tende vir à tona, pois aquele que não bebe e o filho se unem para atingir o *bebum*. Ocorreu que a pretendida "saudável conversa com o filho" deu uma tremenda guinada para a confusão geral que se criou nessa família.

Esses pais (assim como a maioria dos pais) não tinham conhecimentos e argumentos suficientes para enfrentar as rápidas respostas do filho – ou até mesmo enfrentar uma situação em que envolvesse maconha.

Se eles já tivessem lido o Capítulo 6 deste livro, com certeza teriam melhores resultados. Além dessa falta de preparo educacional, um outro fator entrou em ação: o amor gratuito, dadivoso dos pais alimentam a arrogância e o cruel egoísmo do filho – que é apontar um problema dos pais para se livrar do seu. Talvez, num ambiente de trabalho, com um funcionário que usasse maconha, esses pais teriam conduta diferente.

O que quero dizer é que um dos principais motivos para que filhos apresentem argumentos defensivos e egoístas se deve ao fato de eles terem crescido sem regras (sempre fizeram o que quiseram) e não tiveram uma educação orientada ao Princípio da Cidadania Familiar (arcando com as consequências de suas ações).

De qualquer forma, o que precisa ser esclarecido é que não é possível comparar drogas diferentes, pois seus princípios de ação também são distintos, como acontece entre os efeitos causados pela maconha e o álcool. Os estudos sobre álcool estão muito avançados e consolidados, inclusive no que diz respeito aos tratamentos envolvidos.

Não é intenção minha, aqui, atacar nem defender um ou outro estudo, mas apenas apresentar os conhecimentos mais atualizados que existem nessas áreas, para que eles possam ser utilizados por pais, educadores e demais interessados.

## PREVENIR MELHOR QUE TRATAR

A Universidade Federal de São Paulo (Unifesp) estudou, pesquisou e concluiu: 48% da população brasileira não bebe. Por sua vez, apenas 10% dos europeus não bebem. O que ocorre no país é que 24% dos brasileiros consomem 80% de todo o álcool no Brasil, dos quais 70% sob forma de cerveja. Segundo o Professor Ronaldo Laranjeira: "O álcool representa cerca de 8% das mortes, causa mais de 50% das mortes no trânsito e é responsável por mais de 80% da violência doméstica..."[28]

Segundo o professor Laranjeira, especializado no tratamento de pessoas que usam drogas, há basicamente três tipos de usuários de álcool: 1. Os que bebem e não se prejudicam. 2. Os

28 Disponível em: http://www.uniad.org.br/index.php?option=com_content&view=article&id=3679:o--brasileiro-bebe-alcool-diferente-dr-ronaldo-laranjeira&catid=29:dependencia-quimica--noticias&Itemid=94. Visitado em fev. 2011.

que fazem uso abusivo do álcool. 3. Os que são dependentes dessa substância.

O maior problema do brasileiro, e talvez de uma boa parte do mundo, é o fato de o bebedor nunca se achar um alcoólatra (ou seja, dependente químico), mas sim um *alcoolista*, suposto apreciador de bebida; a essa convicção acrescem-se algumas características do bebedor: 1. Negar que está sob efeito do álcool; não arcar com as consequências. 2. Valer-se do poder que tem. 3. Haver uma lei muito tolerante e bastante ineficaz. 4. O contraventor não se submeter ao bafômetro. Assim, não é à toa que a maioria dos brasileiros se posiciona entre "os que bebem e não se prejudicam". Para estes, a cerveja nada mais é do que refrigerante. (Por isso, é comum um embriagado afirmar que não bebeu.)

Há indivíduos que costumam beber diariamente o equivalente a dois ou três copos de vinho, dois copos de chope ou uma dose pequena de destilado, dependendo também da sua facilidade de metabolizar o álcool ingerido. Estes também podem desenvolver os mesmos problemas hepáticos e de hipertensão arterial que acometem quem faz uso nocivo da bebida ou é dependente.

## Autoanálise

Eu acredito que há meios de o usuário reconhecer no próprio corpo o momento em que o uso de álcool passa a ser nocivo, e essa é uma medida pessoal, perceptível também para as pessoas que estão em volta dele. Muitos desses sinais são insidiosos – isto é, começam aos poucos e vão progredindo até a ingestão se tornar nociva. Esses sinais incluem: 1. Batimento cardíaco aumentado. 2. Pressão arterial aumentada. 3. Pele ruborizada. 4. Branco dos olhos vermelho. 5. Fala alterada no tom e na velocidade – alto e rápido ou baixo e lento. 6. Alteração de humor – mais alegre ou mais triste. 7. Impulsividade, agressividade, instabilidade e irritabilidade geralmente piores. 8. Menos timidez. 9. Maior ousadia. 10. Menor autocensura. 11. Falta de respeito ao próximo e às regras sociais. 12. Desconsideração pela vontade alheia. 13. Comportamentos sociais inadequados, contraventores, violentos. 14. Noção menor de risco.

Todos esses sinais dependem do nível de álcool no cérebro, que é menor do que ainda tem no estômago. Tais sinais são difíceis de serem percebidos, podem evoluir aos poucos e atingir o nível nocivo. Seriam facilmente perceptíveis se as mudanças ocorressem mais rapidamente. E, se os mais próximos – familiares, amigos, colegas – percebem as mudanças, devem alertar e impedir, se for possível, pois é quase natural que o próprio usuário, mesmo sentindo os sinais, não pare de beber.

O álcool leva o usuário a perder a noção de autocrítica e julgar que está tudo bem. Quanto mais bebe, mais perde o controle de sua vontade. Se é difícil parar antes, fica impossível fazê-lo depois, quando o usuário passa a ser guiado pelo seu cérebro instintivo (animal). As condutas preventivas que funcionam são: parar com as bebidas alcoólicas; ingerir refrigerantes e comer ou petiscar bastante.

## VENENO OU REMÉDIO CONFORME A DOSE

Os LIMITES ENTRE O BEBER saudável e problemático são muito tênues. Muitos bebem vinho tinto diariamente, em quantidades adequadas, porque esse hábito promove saúde e longevidade. O vinho contém quase 200 tipos de polifenóis, contidos nas polpas, cascas e sementes das uvas, que mantêm suas propriedades antioxidantes (contra envelhecimento), anticoagulantes e antibióticas (contra infecções) por estarem solvidas no seu álcool. Os polifenóis dificultam e impedem a formação de placas de gorduras decorrentes da oxidação por radicais livres, dificultam a coagulação do sangue e regulam a pressão arterial. Tais funções previnem contra derrames e infartos. Alguns pais são muito benevolentes com filhos embriagados, trazidos para casa pelos amigos. Entendem que é um batismo social. *Mas a realidade é outra*: o rapaz perdeu a noção de quanto bebeu e isso não poderá acontecer novamente!

Quando o filho volta embriagado, é importante que os pais procurem saber há quanto tempo o filho bebe. Se diz que foi a primeira vez, isso precisa ser checado, para saberem se o filho já bebeu outras vezes, se já houve outros episódios (em que foi socorrido e nada chegou ao conhecimento dos pais). Se ocorrer esta última situação, o filho está pronto para ser encaminhado a um profissional especializado em drogas e jovens.

Atualmente, na prática do **esquenta**, adolescentes e jovens adultos se reúnem antes de irem aos eventos para beber destilados em geral, como pinga, vodka, tequila, e lá chegam altamente alcoolizados em vez de apenas "aperitivados". Eles bebem em casa, nas lojas de conveniência de postos de gasolina, bares e supermercados. Os "esquentadores", como se pode imaginar, provocam mais problemas que aqueles que bebem só no evento, pois envolvem-se mais facilmente em brigas, acidentes de carro, abusos sexuais e contravenções, além de correrem maiores riscos de entrarem no alcoolismo precoce.

E, é claro: seus pais são os últimos a saber. Quem souber que os avise, para o bem de todos: a) do "esquentador" que já demonstra irresponsabilidade, que só piora quando alcoolizado; b) de seus pais, porque são eles que terão de assumir os estragos que o "esquentador" causa; c) dos outros, pois ficam mais protegidos contra as barbaridades que praticam nas ruas.

## Sintomas

A propósito: uma pessoa é considerada dependente química de álcool quando apresenta três sintomas:

1 AUMENTO da quantidade de bebida e da frequência de beber;

2 AUMENTO da tolerância ao álcool (aumenta a dose para obter o mesmo efeito);

3 SÍNDROME de abstinência (passa física e psiquicamente mal por falta de álcool), sendo o principal sinal o *delirium tremens*.

A síndrome de abstinência pode começar de dois a sete dias depois da última ingestão de álcool, apresentando severas alterações respiratórias, circulatórias e de temperatura, além de diversos outros sintomas: confusão mental, desorientação, perda de consciência, agressividade, convicções irracionais, sudorese, perturbações de sono e alucinações. Todos os dependentes químicos de álcool precisam de ajuda, dos grupos de autoajuda como o Alcoólicos Anônimos ou o Amor Exigente, até de tratamentos médico-psiquiátricos especializados.

Quanto maior a quantidade e frequência das bebedeiras, maior o perigo. Não é raro um jovem que nunca bebeu embriagar-se, dirigir um carro e provocar acidentes, resultando em morte, sequelas físicas irrecuperáveis e graves traumas emocionais em si e/ou em outras pessoas. Sabemos que há cada vez mais bebidas e bares em casa do que livros e bibliotecas. A mídia estimula o uso do álcool, em vez de educar as pessoas. Os produtores de cerveja estão estimulando as mulheres a beber seus produtos. As garotas passaram a beber cerveja tanto quanto os rapazes, mesmo sendo menos resistentes que eles. Elas perdem a censura moral e "ficam" com vários rapazes na mesma noite. Ou seja, o perigo de gravidez indesejada e de doenças venéreas para ambos os sexos aumenta muito quando os jovens estão alcoolizados.

## COM ÁLCOOL: SEM NOÇÃO

NA PARTE PSICOLÓGICA, O ÁLCOOL dilui o superego, a instância que controla o comportamento social, o que dá uma sensação de liberdade. Ao perder o controle, as pessoas fazem o que em sã consciência não fariam. O álcool é um grande depressor psíquico e um estimulador físico, imprimindo um aumento dos batimentos cardíacos e alguma loquacidade, o que, em geral, se faz acompanhar de uma sensação física de euforia.

Na primeira dose, o álcool é prazeroso, pois, além do paladar, do olfato e do visual, dá sensação de euforia e liberdade: as pessoas tímidas se soltam, as recatadas ficam exuberantes, as críticas se libertam, as durinhas amolecem e as preocupadas se desligam.

Aumentando-se a dose, porém, elas se tornam inadequadas, mal-humoradas, depressivas, insuportáveis, briguentas, libidinosas e até devassas. O álcool não muda a personalidade: pequenas doses diluem a educação e o verniz social, altas doses liberam os instintos violentos, os afetos e as emoções inconvenientes.

Com o aumento das doses, aos poucos, o nível alcoólico no sangue vai se elevando e a pessoa perde a noção de como está seu organismo: os seus reflexos visomotores estão mais lentos, sua avaliação sobre tempo e espaço fica alterada; ela tropeça nas palavras para falar, sua prontidão e percepções não são mais as mesmas. Embriagada, ela se acredita capaz de dirigir o carro quando, na realidade, se atrapalha toda. Moral da história: no trânsito, não tem noção de velocidade, está com a coragem a toda, e não é sem razão que provoca acidentes violentos. Um motorista cortês e civilizado, quando sóbrio, ao se embriagar, acorda o selvagem que existe dentro dele e dirige como se prendesse os cabelos num lenço, pusesse uma faca nos dentes e partisse para destruir qualquer um que o provocasse por qualquer motivo.

Se os pais querem que seu filho tenha *Alta Performance*, devem saber que não será drogando-se ou bebendo que ele a obeterá, pois qualquer droga mais atrapalha do que ajuda. Como tenho sempre dito: das drogas, a mais perigosa é o álcool, pois é socialmente aceita e encontra-se em qualquer lugar para ser usada a qualquer pretexto. O número de alcoólicos juvenis está hoje bem maior que há dez anos, e todos eles começaram com farras. Basta juntar-se um grupo que logo aparece a cerveja. O ambiente familiar também favorece quando pais são chegadinhos aos aperitivos e digestivos.

O que agrava o alcoolismo é o próprio jovem achar que embriaguez é farra. As consequências graves ocorrem mais tarde, isso porque a sensação de onipotência juvenil o faz acreditar que com ele nada acontecerá, mesmo que beba muito.

Dizer "eu paro quando quiser" é conversa de bêbado, de usuário de drogas que não admite não ter controle sobre o seu vício. Se os pais estão preocupados porque o filho está usando álcool, eles precisam entender mais sobre o álcool para poder trabalhar na prevenção, lendo livros especializados ou participando de grupos de autoajuda. Pais não devem se acanhar em ajudar o filho, procurando um profissional especializado. Quanto mais cedo houver intervenção, melhores serão os resultados.

Quando uma pessoa se encontra em estado depressivo e é atormentada pela ideia do suicídio, o álcool libera os impulsos, a agressividade e a violência, que acabam sendo dirigidos contra si mesmo, facilitando a execução da ideia obsessiva. Não é, porém, a bebida que cria esse impulso suicida. Ele já estava adormecido dentro do usuário.

## SEJA FELIZ: BEBA CONSCIENTE!

Cada pessoa tem justificativas para beber, raramente bebe "por nada". Há pessoas que bebem para relaxar, para se divertir, para sentir prazer, para "afogar as mágoas" ou comemorar ("bebemorar") sucessos e encontros, para abrir o apetite, para acompanhar uma refeição, para ajudar a digestão, para passar o tempo, para superar a timidez, para animar uma conversa, para esquentar, para esfriar – e tantas mais argumentações que a criatividade permitir.

Todas as justificativas têm um denominador comum: ser mais feliz! Todo o ser humano quer ser feliz e ninguém toma bebida alcoólica para ser infeliz.

ALCOOLISMO

Porém, há pessoas que ignoram as outras, que passam do ponto e se tornam inadequadas, inconsequentes, arriscadas, agressivas, instáveis, chorosas, ridículas, impulsivas, valentonas, briguentas, despudoradas, assediadoras, desastradas, escandalosas, intolerantes, ofensivas, delinquentes, antissociais, contraventoras, descontroladas, vomitadas, urinadas, despidas, desequilibradas, desmontadas, feridas, acidentadas.

O que aconteceu com essas pessoas com tamanho sofrimento? Era a esse estado que queriam chegar? Muito simples e, ao mesmo tempo, é muito complicada a resposta: tais pessoas perderam a saudável consciência. Elas conseguiram alterar quimicamente o seu natural estado de consciência usando bebidas alcoólicas.

Tal perda de consciência é lenta e progressiva e vai aumentando conforme cresce o nível de álcool no sangue. Um dos efeitos mais graves do álcool é fazer com que a pessoa não perceba que perdeu o controle, e o que piora, cria a crença patológica de que tem controle sobre sua parte física, motora, biológica, psicológica, afetiva, emocional, que está tudo sob seu controle. Ou seja, mesmo sem nenhum controle sobre a vida, sente-se e percebe-se capaz de fazer o que tiver vontade de fazer.

Um dos mecanismos de defesa do organismo vivo, seja ele qual for, é poupar energia para garantir o viver. Assim, o organismo não se mobiliza, não gasta energia para se modificar se puder adaptar-se às pequenas mudanças sem grandes movimentações. É o que acontece com a rã. Quem quiser cozinhar uma rã, basta colocá-la na panela com água fria e levar a panela ao fogo baixo. As mudanças de temperatura são tão baixas que não acionam os mecanismos de defesa da rã e ela permanece nadando na água. Ela pode pular fora da panela pelo inusitado do lugar onde está, não pela suave mudança de temperatura. Seu mecanismo de defesa só é acionado quando a temperatura da água está alta. Aí a rã não tem forças para saltar fora da panela e morre cozida.

O mesmo acontece também com quem lê atentamente um livro num entardecer. A luz do dia vai diminuindo lentamente e o leitor não percebe. Quando percebe já está tão escuro que ele precisa acender a luz.

Acontece o mesmo com o aumento do nível alcoólico que atinge o cérebro, isto é, a mente não percebe os pequenos aumentos e, quando percebe, já está com a consciência alterada. Se conseguisse perceber, seria com a parte do cérebro que ainda não estivesse tomada quimicamente pelo álcool, pois é propriedade do álcool desativar a consciência da percepção. A pessoa alcoolizada pode até sentir mudanças que o álcool provocou, mas continua achando que sua consciência está normal e não quimicamente alterada. É este o drama do alcoolismo: a perda da consciência sobre o real estado em que o indivíduo se encontra.

O beber consciente funciona até um pouco antes de o bebedor perceber as primeiras manifestações das alterações físicas. Se a pessoa estiver bebendo devagar, saboreia a bebida (e não sofregamente nem aos grandes goles); saboreá-la é deixá-la desmanchar na língua para depois engolir. Tal maneira de beber mantém a consciência em funcionamento natural, portanto com a capacidade de perceber as alterações que começarem a surgir e, assim, mobilizar os mecanismos de proteção e prevenção para se defender.

Portanto, quem pratica o "esquenta" (jovens que bebem rapidamente bebidas destiladas antes de chegarem às festas e baladas), o "vira-vira" (virar de uma vez copos de cerveja, como que despejando-a garganta adentro), ou "mata" (engole de uma só vez uma dose de bebida destilada) tem menos chances de evitar a perda da consciência, quando sentem as alterações, já é tarde; a tendência, claro, é piorar, pois o que está no tubo digestivo continua a ser rapidamente absorvido.

É preciso beber muito devagar, acompanhando os goles de petiscos, entradas ou qualquer outro alimento que se mastigue; deve-se estar atento aos primeiros sinais da ação alcoólica no organismo. (Releia agora os 14 sinais que têm início insidioso no subtítulo *Autoanálise*, na página 174).

Enquanto conseguir fazer autoanálise, a consciência funciona bem, mas, para certificar-se, é melhor ouvir as pessoas abstêmias ao seu redor sobre o que elas percebem. Se estiver bebendo devagar e começar a sentir um dos 14 sinais, a pessoa deve parar imediatamente de beber e substituir a bebida por outro líquido não alcoólico. Isso, para poder ser feliz! Não conseguir parar é um sinal de infelicidade.

Cada um tem o poder e o dever de se controlar para que não dependa do controle dos outros, para não prejudicar ninguém ou, muito menos, ferir ou matar inocentes. Tal poder e tal dever somente podem ser cumpridos se a consciência estiver em ordem e não sob os efeitos do álcool. Assim, cada um tem de parar de beber antes de perder a consciência.

Portanto, para ser feliz, beba muito pouco, só o suficiente para não perder a razão; daí vem a força da *Alta Performance*: Seja feliz, beba consciente.

...e aquele que estiver sóbrio vale a pena defender a sua felicidade, a dos seus parentes e amigos e, principalmente, daquele que está bebendo perto de você, avisando que chegou a hora de parar de beber, que já está passando do ponto. Se ele reagir e quiser brigar com você, você chegou tarde para avisar... Talvez alguns minutos antes ele ainda o ouvisse...

## ALCOOLISMO DESTRÓI A ALTA PERFORMANCE

VEJAMOS ALGUNS dados sobre o álcool no Brasil:

A   52% DA POPULAÇÃO brasileira bebe, isto é, uma entre duas pessoas;

B   80% DO TOTAL de álcool é consumido por apenas 24% dos brasileiros;

C   70% DO ÁLCOOL é consumido sob forma de cerveja;

D   O BRASILEIRO começa a beber aos 11 anos de idade;

ESTATÍSTICAS de violência relacionada ao álcool [29]:

A   CERCA DE 72% dos crimes contra a vida;

B   DE 50 A 80% dos acidentes de trânsito com morte;

29 Sérgio de Paula Ramos. http://www.mundojovem.com.br/datas-comemorativas/transito/artigo--transito-alcool-quem-paga-a-conta-somos-nos.php. Visitado em fev. 2011.

C    POR VOLTA DE 52% das agressões domésticas contra a mulher;

D    CERCA DE 6% dos suicídios.

O PSIQUIATRA Sérgio de Paula Ramos, especializado em drogas, indica uma série de **medidas para baixar o consumo de álcool entre as populações**:

A    PROIBIR a propaganda;

B    FECHAR pontos de venda mais cedo;

C    POLÍTICA EFETIVA de não vender bebidas alcoólicas para menores de idade;

D    RAREFAÇÃO dos pontos de venda;

E    NÃO VENDER bebida alcoólica em rodovias e nas cercanias de escolas e hospitais;

F    ELEVAÇÃO do preço final da bebida. (Um dos principais fatores, pois o consumidor jovem é muito sensível ao produto caro.)

## Isso resolve?

Os quadros acima, apesar de bastante divulgados, são insuficientes para mudar o comportamento do alcoolista que ignora os riscos e transgride as medidas preventivas. O alcoolismo juvenil continua piorando. Assinalo três pontos intimamente relacionados que fazem parte da cultura brasileira, piorando o quadro:

A    "ISSO NÃO acontece comigo";

B    "EU QUERO, eu posso, eu faço!";

C    CERTEZA da impunidade.

## Comigo não acontece

Um jovem morreu porque bebeu, dirigiu e bateu frontalmente com o seu carro em outro, cujo motorista ficou gravemente ferido, perdeu a esposa e um filho que, jogado fora do carro, também morreu. Seu amigo, que bebia junto com ele antes de saírem de carro, pediu-lhe que não dirigisse, por ter bebido. Ele respondeu: *"Pode deixar. Sei me virar. Acidente não acontece comigo. Acontece com trouxas que não sabem dirigir".*

Como se vê, sempre, o alcoolizado sente-se invulnerável a qualquer perigo, como se fosse um deus, um onipotente! O jovem passa por uma etapa hormonal que tenho chamado sempre de onipotência juvenil: essa onipotência piora com o álcool. Temos, então, um deus com os pés de barro.

## Quero-posso-faço

No começo da vida, a sensação do filho é: "eu quero, meus pais deixam, eu faço!". Se os pais não educam a criança adequadamente, ela pratica o *quero-posso-faço*. Assim é que crescem sem controle as crianças que, na juventude e longe dos pais, acham que querer é poder, sem lhes passar pela mente que existe também a pergunta: *Devo ou não devo fazer? Dever* e *não dever* são ponderações cidadãs necessárias antes do fazer. Posso beber porque depende da minha vontade, porque posso pagar e tenho saúde física para beber. Mas devo beber? Para beber, é preciso aumentar um verbo: *"eu quero, eu posso, eu devo, eu faço!"*

## Impunidade

Ruth de Aquino, jornalista e diretora da sucursal da revista *Época*, no Rio de Janeiro, escreveu na sua coluna Nossa Antena, de 14 de fevereiro de 2011, um artigo chamado "A procuradora e a empregada". Dele extraí este trecho:

*"A procuradora do Trabalho, Ana Luiza Favero, fechou um ônibus, entrou na contramão, atropelou e imprensou numa árvore a empregada Lucimar Andrade Ribeiro. Não socorreu a vítima, não soprou no bafômetro, não foi indiciada nem multada... Dali, saiu embriagada, livre e cambaleante para sua casa, usando um privilégio previsto em lei: um procurador não pode ser indiciado em inquérito policial, não precisa depor, não pode ser preso em flagrante delito, não tem de pagar fiança... A história sumiu da imprensa... Vive na certeza da impunidade."*

E então, vivemos ou não a impunidade?

## ESCOLA E O ALCOOLIZADO: MEDIDAS

NÃO EXISTE UMA MEDIDA EDUCATIVA padrão que as escolas adotem com alunos embriagados. Medidas punitivas e de exclusões não educam. Cada instituição faz o que consegue com tais alunos, conforme a orientação dos seus dirigentes. Pessoas alcoolizadas vitimam todos, inclusive a si próprios. Elas deveriam receber a mesma abordagem que os tabagistas, que estão proibidos de transformar não fumantes em fumantes passivos. Elas vitimam seus inocentes circundantes. É impossível dar aula para alunos alcoolizados por vários motivos:

A   O ALUNO alcoolizado não está em condições adequadas para frequentar nenhuma aula;

B   ESSE ALUNO perturba e prejudica os outros alunos;

C   ESSE ALUNO não respeita nenhum pedido nem ordem de ninguém;

D   ELE SE insurge contra qualquer pessoa que se dirija a ele;

E   O PROFESSOR acaba sendo agredido, até fisicamente, pelo aluno alcoolizado – que, se estiver armado, poderá até cometer um crime;

F   O PROFESSOR acaba sendo desrespeitado pelos outros alunos (sóbrios);

G   ALUNO EMBRIAGADO confirma, na embriaguês, que tem mais poder que o próprio professor em sala de aula.

Quando um adolescente vitima outra pessoa porque está alcoolizado ou quando acaba sendo a maior vítima, morrendo ou cometendo suicídio, é a família que vai ser responsabilizada ou chamada à delegacia ou pronto-socorro, e não a escola e muito menos seus professores. Porém, nada justifica a omissão da escola, que pode até excluir o "mau aluno". A escola poderia chamar para si a possibilidade de corrigir a rota do futuro alcoólatra e iniciar desde já o trabalho de inclusão na sociedade como cidadão ético e produtivo.

Portanto, assim como o cigarro foi banido das escolas, por lei, as instituições de ensino deveriam ter uma medida-padrão que as auxiliasse nas situações de alcoolismo. Minhas sugestões são:

A   IMPEDIR O ACESSO de alunos alcoolizados aos locais de circulação dos alunos e principalmente à sala de aula;

B   ENCAMINHÁ-LOS, sob o acompanhamento de um funcionário da instituição, diretamente à diretoria ou à autoridade competente;

C   SE ELES JÁ estiverem em sala de aula, o bedel e o professor devem tirá-los e levá-los, acompanhados por funcionários, à diretoria ou à autoridade competente;

D   ELES DEVEM estar sempre acompanhados por um funcionário da escola, mesmo quando estiverem esperando a diretora, na sala dela;

E   QUALQUER manifestação de agressão, violência, danos materiais ou pessoais deve ser firmemente contida;

F    A DIRETORIA deve convocar os pais e, na sua ausência, um pa-
rente responsável, para recolher o aluno a sua casa;

G    A DIRETORA deve colher todas as provas de embriaguês do aluno
e chamar funcionários para constatar o estado de embriaguês
do aluno para servirem de testemunhas caso seja necessário.

Essas medidas são necessárias não somente para a defesa legal da pessoa do diretor, mas também da própria instituição, pois
os pais têm o triste hábito de ir contra a escola em vez de tratar
do filho. Na presença de todos (pais ou responsáveis do aluno, o
próprio aluno, funcionários que acompanharam o aluno), o diretor deve:

A    EXPLICAR sobre alcoolismo em alguns curtos itens;

B    COMBINAR um compromisso com os pais ou responsável de
que o aluno será tratado por um profissional especializado
em tratamento de jovens envolvidos com drogas, ou convê-
nio, ou serviço público também especializado, escolhido pelos pais, ou encaminhado para grupos como Amor Exigente
ou Alcoólicos Anônimos;

C    OS PAIS devem trazer um comprovante de atendimento com
identificação do profissional que atendeu o filho;

D    O DIRETOR deve destacar alguém para contatar o profissional e
pôr-se à disposição de oferecer informações que tiverem sobre
o aluno em tratamento, pois é muito comum o paciente não

contar realmente o que aconteceu e distorcer os fatos para tirar vantagens que, na realidade, são desvantajosas para a sua própria saúde.

Os pais terão só mais uma oportunidade para esse tipo de procedimento, que será a segunda vez do aluno ser surpreendido alcoolizado; pois, na terceira vez, no prazo de um semestre, ele deverá ser transferido para outra escola.

A escola não tem como nem por que assumir sozinha a responsabilidade sobre o seu aluno alcoólatra. Todos os presentes, inclusive o próprio aluno, devem assinar um termo de compromissos mútuos quanto ao tratamento e ao futuro do aluno em questão e a família levar uma cópia e a escola ficar com a outra, todas devidamente assinadas. Qualquer tolerância para aliviar os envolvidos nesse procedimento somente prejudica a recuperação do aluno.

## TEORIA DAS JANELAS QUEBRADAS

A DETERIORAÇÃO DA PAISAGEM URBANA é percebida pela população e tomada como ausência do Poder Público, portanto enfraquece os controles impostos pela comunidade, aumenta a insegurança coletiva e convida à prática dos crimes. Essa tese, defendida pelos americanos James Wilson e George Kelling, recebeu o nome de "Teoria das Janelas Quebradas" [30].

Segundo essa teoria, a presença de pichação e lixo nas ruas mais que duplica o número de pessoas que joga fora lixo e rouba. É, por

---

30 Drauzio Varella. *A Teoria das Janelas Quebradas*.

isso, histórica a recuperação da cidade de Nova York, na década de 1990 (a qual estava mergulhada em crimes, desmandos e contravenções generalizadas), através da implantação da política de tolerância zero às pequenas delinquências.

Diferentemente de tudo o que é cuidado, zelado, mantido, um automóvel, um ônibus, um órgão público, uma casa, uma escola, uma instituição – quaisquer lugares com janelas quebradas são mais roubados e depredados. Por quê? Porque já demonstram descuido, abandono e desinteresse dos seus donos.

Percebo muito a presença dessa teoria em famílias, clubes, empresas, condomínios e também em escolas. Numa escola que proibia o cigarro dentro dos seus recintos, mesmo antes da lei antifumo, as transgressões eram com cigarros. Em outra, que permitia o cigarro, os alunos transgrediam com maconha. O que aconteceria a uma escola que permitisse o uso de maconha em seus recintos? Quais seriam as drogas transgressoras? Qual seria o avanço das drogas já consumidas? Uma instituição de ensino que permita a venda de cervejas terá problemas com embriaguez, bebidas mais fortes e "esquenta" em suas festas, comemorações e dias festivos especiais.

Afinal, a questão não é onde os jovens conseguem as bebidas, mas o controle frágil e volátil sobre seu uso. É o *Passo Além* do jovem, que se torna inadequado pela direção tomada por ele, principalmente com o álcool, que tira a noção de responsabilidade do seu usuário.

Uma escola que permita a presença de aluno embriagado em seu recinto, sem que ninguém tome nenhuma providência educativa, estimula a "Teoria das Janelas Quebradas". A presença dessa embriaguez desperta a transgressão e a delinquência adormecidas dentro de cada um dos outros alunos – o que um jovem faz sempre estimula outros a seguirem.

*Por que os jovens andam em grupos?* Porque os seres humanos são gregários, e a adolescência funciona como um segundo parto, do ponto de vista do nascimento para a vida. O adolescente repete no contexto social o que fazia um hominídeo, nosso ancestral primata australopiteco, quando se sentia sozinho: agrega-se a outros, vai procurar a sua turma.

Quando já se sente agrupado, põe em prática a lei da matilha que, nos humanos, instiga a competição para ser o melhor em alguma atividade, a fim de garantir o seu status.

Assim, entre os jovens, o início é de quem começa a beber. Quando o grupo passa a beber, quem bebe mais "obtém" o status de macho alfa ou fêmea alfa.

É pelas janelas quebradas, pelo álcool e pela maconha que a cocaína chega ao seu usuário. A cocaína quebra não somente janelas, mas também portas, pois o seu usuário se torna um dependente químico e passa a ser dominado por ela. E pelas portas e janelas quebradas também entra o *crack*, já muito conhecido pelo público, e a *merla*, da qual praticamente não se ouve mais falar, pois ela aleijou os usuários que não matou. Agora, surge o *óxi*, muito mais devastador que a merla.

À cocaína, "quando se adiciona água de bateria de carro, ácido sulfúrico, querosene, gasolina, benzina, metanol, cal virgem, éter e pó de giz, forma-se a merla, uma droga mais destrutiva que o crack porque pode provocar hemorragia cerebral, alucinações, delírios, convulsão, enfarte cardíaco e morte. Custa menos que o crack, que, por sua vez, é bem mais barato que a cocaína"[31].

---

31 Içami Tiba, *Juventude & Drogas:* Anjos Caídos.

Notícia de 10 de maio de 2011: "São Paulo – A polícia apreendeu mil pedras de óxi, embaladas e prontas para a venda, com uma mulher de 31 anos na Cracolândia, região no bairro da Luz conhecida pelo consumo de crack". À cocaína, mistura-se cal, querosene e até água de bateria, para se chegar ao óxi, origem da expressão oxidação da cocaína. Custa bem menos que o crack e muito menos que a cocaína.[32] Se há traficantes, é porque há usuários compradores. Se a droga é vendida em pequenas doses prontas para serem queimadas, já existe uma cultura de uso. Sabe-se que o óxi provoca prazer que dura menos tempo que o produzido pelo crack, obrigando o usuário a usá-lo mais para não entrar em depressão. Das drogas consumidas no Brasil, o óxi é uma das mais letais.

## EDUCAÇÃO A DEZ MÃOS

PARA A EDUCAÇÃO DE UM jovem embriagado, é preciso amor e limites. As dez mãos parceiras são as do pai, da mãe, da escola, do jovem e do Poder Público. Para quem já conhece *Educação a seis mãos* para crianças, esta é uma evolução do conceito já apresentado em minhas obras anteriores, em que as mãos eram do pai, da mãe e da escola.

Entre pai e mãe também deve haver o princípio da *coerência, constância e consequência* quanto a suas ações em relação à bebida.

---

32 http://oglobo.globo.com/cidades/mat/2011/05/10/policia-apreende-mil-pedras-de-oxi-na-cracolandia-em-sp-924423779.asp#ixzz1M2Ev42bO. Visitado em maio de 2011.

1   COERÊNCIA: falta quando um dos pais permite beber e outro, não;

2   CONSTÂNCIA: não transgredir o combinado entre pai, mãe e filho em qualquer circunstância, tempo e local, sem exceções;

3   CONSEQUÊNCIA: cada transgressão já tem, combinada, sua consequência. Não é somente um castigo ou punição, pois quando estes são cumpridos, o jovem pode achar que está livre para beber outra vez. As consequências dos atos dos filhos têm um efeito progressivo até este realmente introjetar que não deve beber, mesmo que possa.

## E o Poder Público?

O Poder Público, além de dificultar o acesso dos jovens à bebida, tem que elaborar um projeto específico voltado ao alcoolismo e à direção. Há países que consideram o motorista alcoolizado um criminoso em potencial, e suas leis são firmes para que seja cumprida a condenação por crime doloso. Seria até suficiente para um primeiro passo que o Poder Público fosse muito mais eficiente nas aplicações da lei, removendo a sensação de impunidade que desgraça a nossa sociedade.

A escola poderia dispor de um contrato de cuidados extras com relação a alunos que venham a ser surpreendidos portando ou usando drogas, ou que estejam sob os seus efeitos. Tal contrato pode ser assinado no ato da matrícula pelos pais ou responsáveis.

Esse contrato poderia ser customizado, levando em consideração as reais possibilidades de recuperação do aluno embriagado, além de citar a expulsão do aluno como a última instância, depois de esgotados todos os recursos de tratamento disponíveis. O grande foco desse contrato é a educação do aluno, para evitar sua futura exclusão social. A escola é, como se vê, grande responsável pela performance dos nossos jovens.

Não custa, porém, repetir o que já divulgo há um bom tempo: *Para a Escola, o aluno é um transeunte curricular. Para os pais, os filhos são para sempre.*

Pais e educadores: façamos nossos jovens atingir sempre a *Alta Performance*. Na formação e na vida.

~

# BIBLIOGRAFIA

ALMEIDA, Wilson Castello de; Gonçalves, Camila Salles e Wolff, José Roberto. *Lições de Psicodrama: Introdução ao Pensamento de J. L. Moreno*. São Paulo: Ágora, 1988.

BENDER, Arthur. *Personal Branding: Construindo sua Marca Pessoal*. São Paulo: Integrare Editora, 2009.

CHUA, Amy. Trad. Adalgisa Campos da Silva. *Grito de Guerra da Mãe-Tigre*. Rio de Janeiro: Intrínseca, 2011.

COHEN, Marlene. *A História da Felicidade*. São Paulo: Saraiva, 2010.

CORTELLA, Mario Sergio e RIBEIRO, Renato Janine. *Política Para Não Ser Idiota*. Campinas: Papirus e 7 Mares, 2010.

GEHRINGER, Max. *Pergunte ao Max: Max Gehringer Responde a 164 dúvidas sobre carreira*. São Paulo: Globo, 2007.

GLADWELL, Malcolm. *Fora de Série*. Rio de Janeiro: Sextante, 2006.

GOLEMAN, Daniel. *Trabalhando com a Inteligência Emocional*. Rio de Janeiro: Objetiva, 1998.

_____. *Inteligência Emocional*. Rio de Janeiro: Objetiva, 1995.

HERCULANO-HOUZEL, Suzana. *Pílulas de Neurociência Para uma Vida Melhor*. Rio de Janeiro: Sextante, 2009.

HERCULANO-HOUZEL. *Fique de Bem Com Seu Cérebro*. Rio de Janeiro: Sextante, 2007.

_____. *Por que o Bocejo é Contagioso?* Rio de Janeiro: Zahar, 2009.

JAMPOLSKY, Lee L. *Smile for No Good Reason*. Vancouver: Hampton Roads Publishing, 2000.

JÚLIO, Carlos Alberto. *A Economia do Cedro*. São Paulo: Virgilia, 2011.

LILLA, Ciro. *Introdução ao Mundo do Vinho*. São Paulo: Martins Fontes, 2005.

MAGALHÃES, Dulce. *Manual de Disciplina para Indisciplinados*. São Paulo: Saraiva, 2008.

MAGALHÃES, Dulce (org). *Pensamento Estratégico para Líderes de Hoje e Amanhã*. São Paulo:Integrare, 2008.

MARINS FILHO, Luiz Almeida. *Motivação & Sucesso/15 anos – 780 Mensagens*. São Paulo: Anthropos, 2007. (Mensagem de 17 a 23 de julho de 2005).

_____. *Só não erra quem não faz*. São Paulo: Landscape, 2009.

MUSSAK, Eugenio. *Caminhos da Mudança*. São Paulo: Integrare, 2008.

Niven, David. *Os 100 Segredos das Pessoas de Sucesso*. Rio de Janeiro: Sextante, 2002.

OLIVEIRA, Sidnei. *Geração Y: O Nascimento de uma Nova Versão de Líderes*. São Paulo: Integrare, 2010.

SILVA, Ruy Martins Altenfelder. *Repensando o Brasil: Ética para todos*. São Paulo: Giordanus, Pax & Spes, 2011.

SOUZA, César. *Você é do Tamanho dos Seus Sonhos: Um Passo a Passo pra Fazer Acontecer e Ter Sucesso no Trabalho e na Vida Pessoal*. Rio de Janeiro: Agir, 2009.

_____. *Você é o Líder da Sua Vida: Uma História Sobre como Inspirar Pessoas no Trabalho, em Casa e no Dia a Dia*. Rio de Janeiro: Sextante, 2007.

TAPSCOTT, Don. *A hora da Geração Digital. Como os Jovens que Cresceram Usando a Internet estão Mudando Tudo, das Empresas aos Governos*. Rio de Janeiro: Agir Negócios, 2010.

TIBA, Içami. Adolescentes, Quem Ama, Educa! São Paulo: Integrare, 2010.

_____. *Disciplina: Limite na Medida Certa, Novos Paradigmas*. 83ª ed. rev. atual. e ampl. São Paulo: Integrare, 2006.

TIBA, Içami. *Ensinar Aprendendo – Novos Paradigmas na Educação*. 28 ª ed. rev. amp. São Paulo: Integrare, 2007.

_____. *Família de Alta Performance – Conceitos Contemporâneos na Educação*. São Paulo: Integrare, 2009.

_____. *Homem Cobra Mulher Polvo, Divirta-se com as Diferenças e Seja Muito mais Feliz*. 3ª ed. rev. atual. e ampl. São Paulo: Integrare, 2010.

_____. *Juventude & Drogas, Anjos Caídos*. São Paulo: Integrare, 2007.

TZU, Sun. *A Arte da Guerra: Os 13 capítulos Originais*. Trad. Henrique Amar Rêgo Monteiro. São Paulo: Clio Editora, 2008.

VARELLA, Drauzio. *A Teoria das Janelas Quebradas: crônicas*. São Paulo: Companhia das Letras, 2010.

VIANNA, Marco Aurélio F. *Líder Diamante: o Sétimo Sentido: a Essência dos Pensamentos de Grandes Líderes Brasileiros*. São Paulo: Saraiva, 2008.

# SOBRE IÇAMI TIBA

**Filiação** Yuki Tiba e Kikue Tiba

**Nascimento** 15 de março de 1941, em Tapiraí/SP

**1968** Formação: Médico pela Faculdade de Medicina da Universidade de São Paulo – FMUSP

**1969 e 1970** Médico Residente na Psiquiatra pelo Hospital das Clínicas da FMUSP.

**1970 a 2010** Psicoterapeuta de adolescentes e consultor de famílias em clínica particular.

**1971 a 1977** Psiquiatra-assistente do Departamento de Psiquiatria Infantil do Hospital das Clínicas da FMUSP.

**1975** Especialização em Psicodrama pela SOPSP – Sociedade de Psicodrama de São Paulo.

**1977** Graduação: professor-supervisor de Psicodrama de Adolescentes pela FEBRAP – Federação Brasileira de Psicodrama.

**1977 e 1978** Presidente da Federação Brasileira de Psicodrama.

**1977 a 1992** Professor de Psicodrama de Adolescentes no Instituto *Sedes Sapientiae*, em São Paulo.

**1978** Presidente do I Congresso Brasileiro de Psicodrama.

**1987 a 1989** Colunista da TV Record no Programa *A mulher dá o recado.*

**1989 e 1990** Colunista da TV Bandeirantes no Programa *Dia a dia.*

**1995 a 2011** Membro da Equipe Técnica da APCD – Associação Parceria Contra as Drogas.

**1997 a 2006** Membro eleito do *Board of Directors of IAGP – International Association of Group Psychotherapy.*

**2001 e 2002** Radialista, com o programa semanal *Papo Aberto com Tiba*, na Rádio FM Mundial.

**2003 a 2011** Conselheiro do Instituto Nacional de Capacitação e Educação para o Trabalho "Via de Acesso".

**2005 a 2009** Colunista semanal do *Jornal da Tarde*, do Grupo O Estado de S.Paulo.

**2005 a 2011** Apresentador e Psiquiatra do programa semanal *Quem Ama, Educa*, na Rede Vida de Televisão.

**2005 a 2011** Colunista mensal da Revista Viva São Paulo.

**2008 a 2011** Colunista quinzenal no Portal UOL Educação.

> **EM PESQUISA FEITA** em março de 2004 pelo Ibope, a pedido do Conselho Federal de Psicologia, Içami Tiba foi o 1º profissional brasileiro mais admirado e tido como referência pelos psicólogos brasileiros e o 3º no ranking internacional, sendo Sigmund Freud o primeiro, Gustav Jung o segundo. (Publicada pelo *Psi Jornal de Psicologia*, CRP SP, número 141, jul./set. 2004).

> **CRIOU A TEORIA INTEGRAÇÃO RELACIONAL**, na qual se baseiam suas consultas, workshops, palestras, livros e vídeos.

> **SUA COLEÇÃO DE VÍDEOS EDUCATIVOS PRODUZIDOS** em 2001 em parceria com a Loyola Multimídia vendeu mais de 13 mil cópias, e, em 2010, foi gravada em DVDs, tendo vendidas mais de 50 mil cópias.

> **MAIS DE 3.500 PALESTRAS PROFERIDAS** para empresas nacionais e multinacionais, escolas e universidades públicas e privadas, Secretarias Municipais de Educação etc., no Brasil e no exterior.

> **MAIS DE 78 MIL ATENDIMENTOS** psicoterápicos a adolescentes e suas famílias, em clínica particular, desde 1968.

> **TEM 30 TÍTULOS PUBLICADOS**, somando mais de 4 milhões de livros vendidos, sendo:

# LIVROS ESGOTADOS

1    *Sexo e Adolescência*. 10ª ed.

2    *Puberdade e Adolescência*. 6ª ed.

3    *Saiba Mais sobre Maconha e Jovens*. 6ª ed.

4    *Adolescência: o Despertar do Sexo*. 18ª ed.

5    *Seja Feliz, Meu Filho!* 21ª ed.

6    *Abaixo a Irritação:* Como Desarmar Esta Bomba-Relógio do Relacionamento Familiar. 20ª ed.

7    *Disciplina: Limite na Medida Certa*. 72ª ed.

8    *O(a) Executivo(a) & Sua Família:* o Sucesso dos Pais não Garante a Felicidade dos Filhos. 8ª ed.

9    *Amor, Felicidade & Cia*. 7ª ed.

10    *Ensinar Aprendendo:* Como Superar os Desafios do Relacionamento Professor-aluno em Tempos de Globalização. 24ª ed.

11    *Anjos Caídos:* Como Prevenir e Eliminar as Drogas na Vida do Adolescente. 31ª ed.

12    *Obrigado, Minha Esposa* 2ª ed.

13    *Quem Ama, Educa!* 167ª ed.

14    *Homem Cobra, Mulher Polvo*. 29ª ed.


# LIVROS EM CIRCULAÇÃO

1    *123 Respostas Sobre Drogas*. 3ª ed. São Paulo: Scipione, 1994.

2    *Adolescentes: Quem Ama, Educa!* 38ª ed. São Paulo: Integrare, 2005.

3    *Disciplina: Limite na Medida Certa*. Novos Paradigmas na Educação. 84ª ed. São Paulo: Integrare, 2006.

**4**   *Ensinar Aprendendo*. Novos Paradigmas na Educação. 29ª ed. São Paulo: Integrare, 2006.

**5**   *Seja Feliz, Meu Filho*. Edição ampliada e atualizada. 28ª ed. São Paulo: Integrare, 2006.

**6**   *Educação & Amor*. Coletânea de textos de Içami Tiba. 2ª ed. São Paulo: Integrare, 2006.

**7**   *Juventude e Drogas: Anjos Caídos*. 9ª ed. São Paulo: Integrare, 2007.

**8**   *Quem Ama, Educa!* Formando cidadãos éticos. 24ª ed. S.Paulo: Integrare, 2007.

**9**   *Conversas com Içami Tiba* – Vol. 1.... São Paulo: Integrare, 2008 *(Pocketbook)*.

**10**   *Conversas com Içami Tiba* – Vol. 2.... São Paulo: Integrare, 2008 *(Pocketbook)*.

**11**   *Conversas com Içami Tiba* – Vol. 3.... São Paulo: Integrare, 2008 *(Pocketbook)*.

**12**   *Conversas com Içami Tiba* – Vol. 4.... São Paulo: Integrare, 2009 *(Pocketbook)*.

**13**   *Família de Alta Performance:* Conceitos contemporâneos na educação. 11ª ed. São Paulo: Integrare, 2009.

**14**   *Homem cobra Mulher polvo*. (Edição atualizada, ampliada e ilustrada por Roberto Negreiros). 2ª ed. São Paulo: Integrare, 2010.

**15**   *Educar para formar vencedores*. São Paulo: Integrare, 2010 *(Pocketbook)*.

**16**   *Pais e Educadores de Alta Performance*. São Paulo: Integrare, 2011.

> **TEM 4 LIVROS ADOTADOS** pelo Promed do FNDE (Fundo Nacional e Escolar de Desenvolvimento), Governo do Estado de S. Paulo – Programa de Melhoria e Expansão do Ensino Médio.

> *Quem Ama, Educa!*

> *Disciplina:* Limite na Medida Certa

> *Seja Feliz, Meu Filho*

> *Ensinar Aprendendo:* Como Superar os Desafios do Relacionamento Professor-aluno em Tempos de Globalização

> O livro *Quem Ama, Educa!* foi o livro mais vendido do ano de 2003, segundo a Revista Veja. Também é editado em Portugal, Itália, Espanha.

> Os livros *Quem Ama, Educa!* – Formando Cidadãos Éticos e *Adolescentes: Quem Ama, Educa!* são editados em todos os países de língua espanhola.

### Adolescentes :)
### Quem Ama, Educa!

Autor: Içami Tiba
ISBN: 978-85-99362-58-7
Número de páginas: 272
Formato: 16 x 23cm

### Quem Ama, Educa!
Formando cidadãos éticos

Autor: Içami Tiba
ISBN: 978-85-99362-16-7
Número de páginas: 320
Formato: 16 x 23cm

### Família de Alta Performance
Conceitos contemporâneos na educação

Autor: Içami Tiba
ISBN: 978-85-99362-38-9
Número de páginas: 272
Formato: 14x21 cm

Contatos com o autor
**IÇAMI TIBA**
TEL./FAX (11) 3815-3059 e 3815-4460
SITE www.tiba.com.br
E-MAIL icami@tiba.com.br

CONHEÇA AS NOSSAS MÍDIAS

www.twitter.com/integrare_edit
www.integrareeditora.com.br/blog
www.facebook.com/integrare.editora

www.integrareeditora.com.br